DU MÊME AUTEUR

Romans

Bleu-figuier, Grasset, 1999.

Ma vie en l'air, Grasset, 2002.

Je suis la bête, Gallimard, 2007, prix SACD, festival Impatience 2018.

Le monde intervalle, Panama, 2008.

Dans la montagne d'argent, Grasset, 2013.

Enfance d'un chaman, Gallimard, 2017, prix Écritures et Spiritualités 2018.

Jeunesse

Les bêtes d'ombre, Gallimard Jeunesse Giboulées, 2015.

Ma panthère noire, Gallimard Jeunesse Giboulées, 2017.

L'enfant-jaguar, Gallimard Jeunesse Giboulées, 2022.

Bande dessinée

Le quartier évanoui, illustré par Didier Tronchet, éditions Glénat, 2002.

La terre sans mal, illustré par Emmanuel Lepage, éditions Dupuis, 2000, prix des Libraires 2000, prix Valeurs humaines, festival d'Angoulême 2000.

Là-bas, illustré par Didier Tronchet, éditions Dupuis, 2004, prix de Sierre 2004, prix Uderzo 2004, prix Œcuménique, festival d'Angoulême 2004.

Ma vie en l'air, adaptation illustrée par Didier Tronchet, éditions Dupuis, 2005.

Le monde du dessous, illustré par Didier Tronchet, éditions Casterman, 2015.

Suite des œuvres d'Anne Sibran en fin de volume

haute enfance

Collection dirigée
par Colline Faure-Poirée

Anne Sibran

Le premier rêve du monde

nrf

Gallimard

Pour Adela Tobar
Valérie Redard
Ashley-Ashford Brown

« En ces temps de misères omniprésentes, de violences aveugles, de catastrophes naturelles ou écologiques, parler de la beauté pourra paraître incongru, inconvenant, voire provocateur. Presque un scandale. Mais en raison de cela même, on voit qu'à l'opposé du mal, la beauté se situe bien à l'autre bout d'une réalité à laquelle nous avons à faire face. Je suis persuadé que nous avons pour tâche urgente, et permanente, de dévisager ces deux mystères qui constituent les extrémités de l'univers vivant : d'un côté, le mal ; de l'autre, la beauté. »

FRANÇOIS CHENG,
Cinq méditations sur la beauté

« Ah, nous comptons les années, nous pratiquons des coupures ici et là, nous arrêtons, nous reprenons, nous hésitons entre les deux… Pourtant, combien tout ce qui nous arrive est d'un seul tenant, combien chaque chose est liée à l'autre, et s'engendre, et grandit, et se forme elle-même… et nous n'avons au fond qu'à être là, mais simplement, instamment, comme la terre est là, disant oui aux saisons, claire et sombre et toute dans l'espace, ne demandant pas à reposer ailleurs que dans le réseau de forces et d'influences où les étoiles se sentent en sécurité. »

RAINER MARIA RILKE,
Lettres sur Cézanne

« Je voudrais retrouver ces sensations que l'on a en naissant. »

PAUL CÉZANNE

PROLOGUE

Quand Paul Cézanne s'éveille cette nuit-là, il ne reconnaît plus sa chambre. La vieille armoire, la chaise fraîchement rempaillée où il pose ses habits : tout est noyé dans ce grand noir, une obscurité épaisse et sans nuances qui engloutit le lit aussi.

Tirant l'oreiller, il remonte les épaules, s'adosse au chevet. Sous ses mains, la laine rêche d'une courtepointe. Il sent l'odeur de sa pipe froide, posée sur la table de nuit. Mais se tournant vers la commode, il ne trouve plus le grand miroir, avec le reflet du bec à gaz, planté en bas dans la rue.

Alors seulement il comprend que ses yeux ne voient plus.

Ils étaient rouges. Depuis deux jours, ils larmoyaient. Hier, la bonne les avait soulagés en appliquant sur ses paupières des compresses d'eau de bleuet. Il s'était couché presque bien. En tous les cas il voyait mieux.

Que s'est-il passé pendant qu'il dormait ? Il plaque les mains sur ses yeux. Depuis le temps qu'il peint, il sait du bout des doigts interroger un larmoiement, anticiper une fatigue. Mais cette fois le problème ne vient pas de ses yeux. C'est autre chose. Une sensation qui le déconcerte et qui l'affole : l'impression que ses prunelles battent fébrilement le vide… sans rien trouver où s'accrocher.

« Mon Dieu, qu'est-ce qui m'arrive ? s'écrie le peintre. On dirait que quelque chose s'est détaché de moi ! »

C'est cela qui l'a réveillé, il en est sûr : le froissis léger d'une image qui se retirait de la chambre, en emportant tout ce qu'il voyait.

Poitrine serrée, Paul s'applique à tenir droit dans le lit pour rassembler ses dernières forces. Une carriole passe dans la rue. « C'est le vieux de Poutefigues qui vient porter l'amande, on est jour de marché. » L'angoisse le submerge. « Où sont les ombres ? » Rien n'est venu danser sur les murs clairs, de l'autre côté de la rue.

Bientôt, les brebis vont descendre des pays de montagne, coulée de bêlements, de grelots, avec le marteau tendre des pattes fines sur les pavés.

Depuis le temps qu'il vit ici, quand c'est jour de marché, il connaît, pour sûr, il connaît dans sa rue l'ordre de tous les passages. Les sabots des porteurs de paniers, la charrette à bras des macarons, le portefaix de mousselines, le mulet des olives, des graines de ver à soie.

Comme il aime suivre, chaque vendredi, ce cortège de silhouettes, de bêtes longues, à cette heure-là précisément, quand le halo du réverbère les renvoie au plafond, dans le miroir, le mur d'en face. Quand, le jour pas encore levé, sa chambre se laisse traverser par toutes ces âmes descendues des collines et qui défilent devant les meubles, sur le mur blanc, dans des vapeurs de vinaigre, de volailles, de beignets. Ces spectres fins comme des lavis, entrés là par dispense, à qui le soleil donnera plus tard des chairs et des couleurs, lorsque assis derrière l'étal ils auront disposé leurs paniers.

Tandis que ses yeux stagnent dans une obscurité glaçante.

Si bien qu'il s'ébroue, Paul. Ayant décidé une fois pour toutes qu'il piétine dans un mauvais rêve, il tend la main, cherchant à tâtons le briquet sur la table de nuit, renverse la boîte à tabac qui se brise, s'éparpille sur les tommettes.

Enfin, il finit par toucher la lampe à huile.

En bas, dans la rue, un homme lâche un juron. Coups de fouet, hennissements, tandis qu'il sent sous ses doigts la chaleur de la mèche qui s'allume.

Une lueur apparaît… Mais telle qu'un feu de bergers sur l'autre versant de la montagne. Tellement lointaine. Inaccessible presque.

Comment se peut-il que la lampe brûlât si près sans qu'il n'en vît autre chose qu'une étoile reculée ?

Ce qu'endure le peintre à cet instant est tellement effroyable qu'il s'empêche de penser à la peinture. À ce pour quoi ses yeux sont nés et qui le met chaque matin en mouvement, anime ses moindres gestes.

«Je vois un peu, c'est déjà ça», chuchote Cézanne d'une voix blanche. Le vieil homme respire à petits pas, comme à compter les instants, ramassé sur le souffle, et ainsi traversant cette terreur, clopin-clopant, lèvres entrouvertes.

Puis, se tournant vers la lampe, il se met à prier.

Ce n'est pas pour ses yeux qu'il demande mais pour ce qui s'est écarté de lui, le laissant dans cette obscurité sans fond, où plus rien ne l'approche.

Pourtant, il sent encore sur lui l'emplacement des attaches : tout ce qui voudrait tant répondre, sur sa peau, dans ses yeux, dressé dans cette attention, cette vigilance amoureuse, toutes ces portes minuscules par où les doigts fins du vivant faisaient entrer le monde.

« Est-ce que la vie me boude ? »

Qu'elle pût ainsi se détourner de lui le bouleverse. Quelle plus grande loyauté que la sienne ? Lui, chaque matin levé avant tout le monde pour courir au miracle, mêler son souffle au jour naissant.

La gorge serrée il supplie. Humblement, il en appelle aux nuages, aux écorces, aux pierres endormies, au tracé de la source, à l'argenté des saules, à l'écaillement de cette aile d'oiseau, submergée de transparence sous le soleil tremblant. Ou cette colline adossée au crépuscule comme une gerbe fraîchement nouée…

Se peut-il que tout cela, qu'il honore depuis toujours, ce foisonnement de forces et de surprises, l'ait ainsi oublié ?

Cette nuit, il comprend à quel point le regard est un emboîtement, une empoignade avec le dehors. La main de l'œil dans la main du monde. Et si l'un des deux lâche, alors l'autre est perdu.

Un vent d'herbe entre dans la chambre, qui raconte les charrois de luzerne et de foin.

Il sait les chapeaux fatigués, ces coupons de peau blanche qu'il entrevoit parfois par un bouton défait de la chemise. L'aube doit être au carreau, elle marche toujours avec les paysans.

Tombé au pied du lit, il tend les bras vers la fenêtre. Mais là encore il ne voit rien.

C'est alors que Marie, la sœur, ouvre la porte de la chambre. Depuis deux jours, elle rôde, inquiète. Le bris du pot l'a réveillée.

— Paul ?

— Va-t'en ! Laisse-moi tranquille !

Avant de refermer la porte, elle voit ces yeux abandonnés. Il l'entend courir dans le couloir, appeler la bonne.

Combien de temps reste-t-il ainsi, la tête dans ses mains, roulé au pied du lit, avant qu'une lueur fine s'immisce entre deux doigts ?

Ce n'est qu'un fil, un cheveu blême, mais Paul l'attrape aussitôt. Ce faisceau minuscule, il le tient fermement, il le suit, d'une prunelle acharnée. Il le suit, grappillant chaque fois un peu plus de lumière. Grappillant.

Parfois la lueur s'échappe, il se sent retomber. Alors il bat des paupières, dresse le cou, présente inlassablement son œil au rayon luminescent qui reflue, qui s'invite, auquel il s'accroche éperdument, qu'il ne va plus lâcher maintenant.

Il tient le fil encore, quand la lumière revient, bruyante et colorée. Il prend. Sans hésiter, il prend. C'est là, c'est revenu, il ne cherche plus à comprendre, se roule, comme un moineau, dans cette poussière d'éclats. Il s'y baigne, il s'en couvre, tandis qu'il rit, qu'il pleure en agitant les bras.

Jusqu'à la fin du monde, de toute cette lumière-là, il n'est plus rassasié.

Plus tard, quand l'armoire aura repris ses formes, que le miroir attrapera ce qu'il doit attraper, il se promettra de ne jamais parler à quiconque de ce qu'il a vécu.

C'est pure superstition, il le sait, mais il tient à effacer les traces, qu'il n'y ait plus une seule parole, une seule pensée, qui puisse le ramener à cette chambre où il s'est trouvé aveugle, pendant de longues heures, entré par-devers lui dans le dur de la nuit.

Pour éviter d'y repenser, ou du moins égarer l'obsession, il cherche un substitut à ce qu'il a vécu, quelque chose d'approchant, une image saisissante qu'il peindrait comme un symbole sur le coffre scellé.

Il pense alors au fourmilion, cette larve blanche, avec ses pinces longues, cachée au fond de l'entonnoir creusé dans le sable, sur les berges de l'Arc, où il allait pêcher enfant.

Le piège était redoutable, les fourmis s'y perdaient.

Pendant des heures, il les voyait battant des pattes, tentant de remonter. À peine elles atteignaient les bords mouvants de l'entonnoir que le sol s'éboulait sous leur ventre, elles retombaient. Chaque contorsion qu'elles faisaient pour s'extraire de l'attrape les ramenait plus bas, au fond du trou, vers les serres venimeuses, qui battaient l'air autour d'elles, avides de les percer.

Quelques-unes s'échappaient pourtant. N'ayant rien élaboré pour leur salut, s'étant pareillement affolé, ayant vaillamment battu des pattes. Comme les autres.

Il avait suffi de trois fois rien, elles ne le comprendraient jamais, mais elles étaient sorties du trou, épuisées, chancelantes.

Et sitôt après, elles avaient repris leur trace, tapotant des antennes cette terre qui leur rendait la vie.

ACTE I

Ses yeux couvant leur secret

1

Deux jours plus tôt, Paul s'était levé avec cette drôle d'appréhension dont il se souviendra ensuite. Allumant sa pipe, il avait tourné dans sa chambre en songeant à la toile en cours. Comme souvent quelque chose l'empêchait. Il se sentait tout près, pourtant.

Entrouvrant la fenêtre, il était sorti sur le balcon. La ville, silencieuse, semblait déserte, inhabitée. Le ciel était encombré de nuages.

« Mon Dieu, envoyez-moi les vents, le ciel est trop bas aujourd'hui… »

Il aurait voulu la même lumière, la même journée qu'hier, il aurait voulu que le monde retienne son souffle, pour lui laisser le temps de poser quelques touches de couleur encore, capter le sourire du vallon, tel qu'il lui était apparu. Car il y avait eu à cet instant dans l'atmosphère une intelligence si palpable, qu'il avait, avant de songer à traduire, d'abord remercié.

Puis haussant les épaules : « Ou bien je ferai avec les gris… »

Le jour n'est pas encore levé. Il s'habille, enfile ses sabots, rassemble ses affaires. Le bouteillon dans le carnier avec la miche et quelques olives. Déjà le cœur s'allume dans sa poitrine, les mains trépignent sur les objets. Le voilà qui s'empresse, harponné par cette promesse, cet élan enfantin qui le jette sur les chemins par tous les temps, avec ses brosses, ses peintures, pour courir au premier matin du monde, tenter d'en saisir un fragment avant que déjà les lumières tournent et que les couleurs sèchent sur sa palette, avant que d'êtres nées.

La calèche attend devant la porte pour l'emmener à l'ancienne carrière. Un vieil homme, comme lui, penché sur sa vieille mule. Et à peine est-il assis derrière eux, ces relents de sueur mêlés d'ail et de vin.

Passé l'aqueduc, la voiture prend un chemin poussiéreux où l'on oublie aussitôt les rues corsetées de pavés pour s'élever vers la résine et les bouquets de chênes. C'est ici, sur ce plateau, qu'est le ventre de la ville, ici que des millions d'années plus tôt ont macéré ces pierres ocre, extraites de la roche au fil des siècles pour bâtir les maisons. Les hommes repartis, la garrigue a envahi ce réseau de cavernes anguleuses, percées de cheminées, où l'œil du ciel se glisse encore entre les feuilles.

Est-ce d'y avoir joué enfant, de savoir aujourd'hui encore dans quelle fente gîtait le lézard attrapé cinquante ans plus tôt ? Il reste dans ce lieu un peu de cette solennité ingénue où l'on s'apprend en se frottant au monde. Souvenirs d'initiations, de peurs intenses et d'éblouissements, disséminés comme autant d'éclats, de pigments précieux dans ces cavités tapissées de fougères, où devant des parois jaune safran s'offre une gamme infinie de pénombres. Il vient pour ces perspectives, quand, planté au bord du vide, il voit la plaine s'écailler sous le ciel devant la Sainte-Victoire, la « montagne du vent ». Plus que n'importe où ailleurs, c'est ici qu'il aime peindre.

La calèche en allée, le voilà donc qui caracole sur les sentiers de la carrière par ce matin d'avril. L'appréhension l'a quitté. Il trotte, le chevalet à l'épaule, va comme la fleur de ciste : tendre et froissé avec le cœur en étamine.

Invoquant à chaque pas le temps d'avant les hommes, il se voit avancer dans une mer chaude du pléistocène, plongé jusqu'à la ceinture dans des remous de cades, des ondulations de fenouils et l'écume grise des graminées. Éperdu, reniflant, il glane déjà quelques reflets, les bouffées d'une menthe fraîche, battant l'appel des sensations. Car il a trouvé l'endroit, la veille en partant. Cette trouée, comme une terrasse devant le vide. Un lieu prometteur, il le sent, si bien qu'il éparpille ses affaires, pour dresser à l'ombre des pins le périmètre de l'affût.

La Sainte-Victoire est devant lui, fidèle au rendez-vous. À cette heure, elle se confond encore avec le ciel qui ne lui laisse que la dispense d'une silhouette, noyée dans des nuées de gris. Paul la salue distraitement, tout occupé qu'il est à ouvrir son carnier, chercher un trou d'ombre pour le litron.

Et c'est comme ça, avec cette légèreté pleine d'allant, ayant posé le chevalet, sorti un morceau de fusain, qu'il laisse ses yeux partir comme deux bons chiens, tâter le vent, flairer le rien, quand il se sent soudain mordu : deux crocs passés sous ses paupières avec un grand éblouissement.

Sous l'effet de la fulgurance, il renverse le chevalet et, cherchant à tâtons le premier rocher venu, il finit par s'asseoir. Ça venait de la Montagne, il en est sûr : après le rideau d'atmosphère, quelque chose a surgi des brumes pour venir piquer ses prunelles avec des lumières blanches.

Suspendues devant le visage, les mains hésitent à toucher les paupières. Mais les yeux sont toujours là. Et, contre toute attente, singulièrement tranquilles. Sans larmoyer, les voilà qui reviennent au monde avec rien qu'un léger tremblé, les quelques étincelles d'un restant d'escarbilles.

Assis sur son rocher, Paul marmonne, abasourdi. Que s'est-il encore passé entre ses yeux et la Montagne ? Ses yeux maintenant si paisibles, habités d'une joie simple et fraîche comme un linge rincé…

Le merle s'est tu, la chaleur monte. L'heure où tout s'aiguise, s'épuise, poudroie. Stridulation des cigales, amollissement des feuilles et dispersion des couleurs. Devant lui, la Sainte-Victoire est en train de percer les brumes, il le sent. Dénudée, palpitante, elle déploie sous le ciel la splendeur brute des premières fois.

Et l'on croirait ce matin que la beauté s'annonce avec un souffle tendre. Sinon qu'est-ce qui viendrait ainsi frôler sa peau, l'inviter à plonger les yeux, recevoir le tableau ?

Mais il ne s'en sent plus la force. Et, découvrant la toile blanche couchée dans l'herbe à quelques pas de lui, le voilà pris d'une fureur sourde qui le dresse soudain, à ramasser ses affaires pour repartir, s'enfuyant presque. Les yeux maintenus dans les racines, obstinément baissés.

2

Ces fulgurances et ces colères, ce n'était pas la première fois. Si bien qu'à force lui venaient des idées étranges, dont il n'osait s'ouvrir à personne mais qu'il ressassait souvent.

Et d'abord cette impression que ses yeux lui échappaient. Des yeux devenus libres au fil des ans, avec un caractère, des foucades et même quelques secrets !

Qui dans cette ville, qui même dans ce monde, pouvait comprendre cela ?

Pour la plupart de ses semblables, le regard n'est que ce serviteur fidèle, chargé de tenir le corps à la rampe, régler la netteté sur un geste, rapporter l'objet égaré… Deux lanternes serviles répondant à la voix. Avec, bien sûr, une réalité à l'avenant, bien tassée dans sa forme, comme serrée dans un gant.

Tandis qu'il voyait, lui, les choses bien autrement. À dire vrai, ce n'était pas de son fait, Paul n'avait rien décidé. Sa vie de peintre et d'homme était ainsi faite de surprises et d'assauts. Une série d'effractions, de percements venus comme pour l'attendrir et le déposséder.

Sans tenter de traduire ces expériences, au moins pouvons-nous en esquisser le périmètre, énumérer quelques-unes de ces tribulations qu'il ne parvenait pas à comprendre, mais qui lui arrivaient pourtant.

Bien avant « l'éblouissement de la Sainte-Victoire », il faut remonter à ce qu'il évoquera par la suite comme sa « petite initiation » : ce « soupçon » qu'il contracta dans la maison de son père, par un après-midi d'été…

Assis dans le rotin, donc, Paul était en train de somnoler à côté du bassin, à l'ombre des grands marronniers, quand il lui sembla déceler comme une bougée, un frémissement devant les arbres. La sensation était infime, mais avec ce petit mouvement, on aurait dit que les reflets sur l'eau, les feuillages, les buissons, s'évaporaient soudain, devenus ces taches impalpables.

Un instant, par cette ouverture, l'endroit lui parut si nouveau qu'il se mit à pleurer. De gratitude et d'effroi. Car cette beauté était surtout terriblement vivante, dérangeante, presque monstrueuse, dans ses palpitations. Au point qu'il comprit aussitôt qu'il pourrait en mourir : c'était comme à surprendre ce jardin à sa première lumière, dans sa nativité.

Paul avait tout juste vingt ans. Beaucoup se seraient frotté les yeux pour s'extraire de ce vertige, s'en faire une hallucination et ne plus y penser. Le jeune homme prit la chose au sérieux. L'expérience n'est rien, comme on le sait, sans l'engagement qui s'ensuit et il y avait maintenant ce doute qui le faisait trousser la réalité, surveiller intensément les choses. Les regarder deux fois.

C'était entrer en sédition. Il ne mesurait pas, en ce milieu de siècle, ce qu'une telle attitude pouvait avoir de subversif dans une société du premier regard où l'apparent tenait lieu de vérité et de dogme.

Espérée avec tant de patience, la sensation revint. C'était toujours au débotté : un miroir se mettait aux écailles de l'orvet qui coulait devant lui parmi les herbes, ou une trémulation entrait dans une couleur qui le faisait tomber en pâmoison devant la posture d'une pomme ou l'écorce d'un chêne.

Il y sentait un chemin, le début d'une quête, quelque chose à creuser.

Il fallait pour cela d'autres yeux que ceux qui étaient allés à l'école. Des yeux sauvages, primitifs, qui devaient réapprendre à chasser…

Ainsi Paul se lança dans la peinture comme un nomade des premiers temps. Avec en guise de lance un fusain affûté et une feuille de papier où crayonner le piège. Apprenant d'abord le paysage en s'exerçant à le copier et jusqu'à chaque ombrée, chaque touffe, il s'y ajustait si bien qu'il finissait par s'y rendre insoupçonnable, s'appliquant à disparaître à toutes les heures, par tous les temps, c'est-à-dire dévidant avec une attention sans faille les soies tendres de l'araignée.

Comme les chasseurs, accroupis derrière un buisson, attendaient que la forêt leur crache tout à coup une bête ; planté devant le rideau de l'anodin, Paul guettait la surgie de ces entités palpitantes que sont les couleurs.

Car il y avait toujours ce moment où elles se détachaient du tronc de l'arbre, de la meute endormie des maisons, pour s'animer, révéler ce frisson intime qui venait arrondir l'écorce, éparpiller les toits.

On ne soupçonne pas le travail qu'il faut pour mettre les yeux en patience. Les dresser à tenir à la fois l'ample et l'étroit, jusqu'à surprendre ce bain bleuté qui relie deux collines l'une à l'autre. Les fait parler.

On comprend que le musicien doive exercer ses mains pour l'instrument et l'on s'étonne que le peintre doive entraîner ses yeux…

Il fallait surtout leur apprendre à oublier le nom des choses, tout ce qui pouvait réveiller un souvenir, enclencher la machine à penser. Ne rien mettre entre la rétine et le monde. Alors seulement la vie pouvait débouler du terrier pour passer ventre à terre devant soi.

Au début, les yeux du jeune peintre voulaient surtout batifoler. Ou pire encore faisaient semblant de tenir l'arrêt pour s'envaser dans une sieste. Mais Paul était inflexible, qui les rappelait à l'ordre, les frottait vigoureusement avant de les jeter à nouveau devant lui.

Il regrettait, les premiers temps, qu'il n'existât pas un organe exclusivement dévolu à sa quête. Puis il comprit qu'il en allait de même que pour les mains du violoniste : il fallait au contraire qu'elles pussent aussi tenir le pain, serrer la main, caresser le sein et se curer le nez. Elle était là l'aventure : rencontrer l'inespéré par le simple.

La tendreté, la vulnérabilité de ces globes luisants, rangés dans leur sac de peau rétractile et larmoyant au moindre vent, l'attendrissait. Surtout qu'au fil des mois les yeux s'étaient pris au jeu, qui ne rechignaient plus à aller sonder la roche avec l'héroïsme naïf des enfants. Souvent la paupière s'enflait, le blanc de l'œil s'injectait de sang.

S'agissait-il seulement de peinture pendant ces temps d'arrêt ? Reste-t-on à ce point immobile des heures durant pour un tableau ? Parce qu'il y avait d'abord ce bonheur simple à partir « retrouver des amis » comme il disait.

Ses « amis » c'étaient les collines, les ruisseaux, les montagnes. Scrutée ainsi sans relâche, la nature redevenait naturelle qui se montrait comme une bête pour venir jusqu'à lui.

C'est qu'il restait si peu si peu de l'homme, effeuillé de la sorte par une telle attention, que les alentours s'autorisaient à respirer plus fort, entraient dans la connivence, redevenaient conscients. Partout les formes oscillaient, mises en confiance, elles se livraient vraiment.

Ces journées à l'ancienne carrière, dans les fraîcheurs de l'Arc, sur les flancs de la Sainte-Victoire, le nourrissaient de ces petits mystères concrets dont les premiers hommes avaient coloré leurs légendes, sans doute.

À tremper dans ces musiques sourdes qui transpirent du cœur des choses, il savait comme l'oiseau deviner le changement de temps aux articulations d'un feuillage, ou pressentait le lièvre à l'épaisseur d'un coin d'herbes, où il aurait gîté aussi.

Dans ce bain d'émanations où semblait germer le monde, il n'y avait plus de dehors, ni de dedans : qu'un même surgissement. Et les yeux qu'il avait tant exercés à gravir la montagne pour dresser les plans et rapporter les formes finirent par entrer dans des subtilités, des accointances, où la tête et la main ne savaient pas toujours suivre. Ce qui le comblait et l'effarait en même temps : les yeux pensaient sans lui au plus près des couleurs.

Une nuit, il sentit entre deux rêves quelque chose qui brillait là-haut sous ses paupières, comme si l'on avait laissé la lumière allumée. Le temps de s'éveiller, il aperçut soudain la maison sous les trembles, celle-là même qu'il avait tenté de peindre pendant toute la journée.

Elle apparut comme une soie déployée sans qu'il n'eût rien suscité. Ni souvenir ni pensée. L'image était là hors de toute volonté comme si les yeux du peintre s'étaient emmené un pan de la splendeur comme un os à ronger pour la nuit.

Une autre fois, assis derrière le chevalet, il intima à ses yeux un mouvement, mais ils partirent à l'opposé, sûrs de leur fait, avec un genre d'instinct, comme un pressentiment de l'endroit précis où la couleur allait parler, donner l'aplomb. Ils ne se trompaient pas.

L'écart n'était pas toujours si grand entre les prunelles habiles à s'engouffrer sous la surface des choses et la main laborieuse qui tentait de traduire, parlementer avec la toile et les pigments. Parfois l'œuvre allait « bon train » et le peintre sifflotait. Mais constamment la virtuosité de son regard semblait lui lancer un défi, l'obligeant à inventer, trouver des ruses pour tenter de retranscrire ce que les yeux voyaient.

Quoi qu'il fît, c'étaient toujours eux qui dirigeaient la besogne, indiquaient où poser les touches.

Au fil du temps, ils étaient devenus tellement intelligents que le peintre se persuada qu'ils avaient développé au contact de l'intense une lumière, et pour tout dire une âme supérieure à la sienne.

Si à certains moments le vieil homme coupait court s'écriant à voix haute « Tout ça c'est des divagations ! », la chose le troublait tant qu'il avait fini par nourrir à l'égard de ses yeux une défiance. Un complexe.

Les colères proverbiales, les fureurs sauvages qui dévastaient l'atelier, renversant meubles et flacons, ne se retournaient pas contre celui dont les toiles étaient constamment refusées des salons, mais vers « l'âme inférieure » si peu habile à traduire tant de beauté sur un carré de toile avec quelques pauvres taches d'huiles.

« Et si mes yeux se décourageaient de moi ? » pensait le peintre.

3

Le soleil est déjà haut quand Paul rejoint l'entrée de la carrière avec ce restant de colère et ses yeux couvant leur secret.

La calèche ne revient qu'à cinq heures. « Tant pis, j'irai aux frais de mes jambes. »

Les cailloux roulent sous ses pieds, la sueur dégouline dans sa barbe mais, après quelques lacets, la stridulation des cigales lui a rincé la tête. Il ne pense plus à rien. Elles sont si nombreuses à forer les troncs, laper la sève avec cette frénésie rythmée, que l'air est saturé d'essence de résine. Une odeur brûlante que traverse par intermittence quelque chose de glacé, argenté comme une lame.

Après les pins, l'ombre rougit sous les oliviers avec des touffes d'herbe séchée, blêmes et cendreuses. Plus bas des femmes chantent. On devine le souffle épais des râteaux, le battement des sabots, le foin dressé en mamelons. La fenaison ! Le vieil homme presse le pas. Le petit peuple des mains ! Redresseurs de murets, curant les sources, toujours là pour cueillir les fruits, gratter le ventre de la terre, prendre soin du pays.

Paul est assis sous l'ombre du tremble, en haut des champs. Là-bas, au pied de la meule, cette jeune fille en cheveux. Les mèches collées au front, le souffle court, elle ramasse une brassée de foin qu'elle rabat sous son genou, ramenant les tiges, les pliant de tout son poids puis se dressant pour avancer la cuisse encore. En trois ou quatre révérences la botte est formée, gardée encore sous les jupes, le temps de tresser quelques herbes qui serviront de lien.

Il y a le ballet des fourches, les coiffes claires, cette litanie de couplets, de rires francs et d'efforts. Mais lui ne voit que la jeune fille qui plie le champ comme une couverture avec ses grands bras tendres. Qui mieux qu'elle connaît la couleur de l'herbe en cet instant ? Pétrie dans ce corps-à-corps, la blondeur fauve flotte partout entre ses gestes comme une conscience évaporée.

C'est cela même qu'il voudrait peindre : ce reflet que prennent les choses quand on les touche. Ou qu'elles sont regardées.

Un sifflement. Tout le monde s'arrête de travailler. L'heure du « grand boire ». Sortant des poches les gobelets de fer-blanc, l'œuf dur roulé dans un linge, on le rejoint sous son arbre, où il a déballé son torchon, offrant le pain et les olives. On le salue puis on s'assoit à côté de lui. Un homme passe, un baril sur l'épaule, versant le vin. On retire les sabots, on s'allonge, on s'étire.

Les mots sont rares. Tout le monde est déjà reparti quand l'homme replie son couteau.

Paul a sorti son carnet. Assis sur la souche, il crayonne. La rondeur d'un bras, un mouvement de hanches, l'ombre sous la meule : tous ces supports où les couleurs se perchent parfois comme des oiseaux.

À chaque pause, on prend la pente pour venir frotter l'ail au croûton et surtout lorgner l'avancée du dessin par-dessus son épaule. « *Tau e quau* » (« tel quel »), dit une grand-mère derrière lui.

Le cocher ne viendra pas, prévenu par un enfant. À cette heure, le soleil est cette page blanche qui s'habille de ce qu'il touche. Et maintenant qu'il se renverse, une poussière d'étamine vient surligner chaque feuille, venue d'on ne sait où. La fraîcheur s'avance puis recule. On la guette, on se fige quand elle passe pour s'y tremper un instant.

Autour du peintre, terrassés par la chaleur : une hécatombe de chiens et d'enfants endormis sous les mouches et qu'il dessine, marmonnant quand un bras assoupi vient couvrir une joue.

Paul est encore à dessiner quand la vieille le rejoint avec un cruchon. Sans qu'il n'ait rien demandé, elle trempe un linge pour tamponner ses paupières. Il sursaute. « Tes yeux sont rouges, tu vas pleurer le sang. »

Avec raideur, il se résigne. L'eau l'apaise mais le champ paraît flou. Il range son carnet.

Les enfants ont repris leurs jeux. Avec le crépuscule, les foins font leur vin : l'heure où la terre exhale cette distillation de pailles molles, de sèves évaporées où flotte encore un peu du bourdonnement des abeilles et du ventre des fleurs. Et tout cela brassé par le souffle des hommes, les sueurs âcres des chemises, le piétinement des sabots. Cette vapeur enhardit les regards et fait chanter plus fort. On s'aheurte, on se frôle, ramassant les outils, chargeant les bottes tandis que le tonneau de Barbaroux bascule d'épaule en épaule.

Au bout des gestes il y a la joie. Par-delà l'épuisement, après tant de torsions, de grimpées et d'efforts, le corps se découvre un surcroît, comme une poussée qui l'aimante, le déploie vers ce qui l'entoure. La cuvette pourpre du vallon, les enfants, les charrons : tout chantonne en même temps.

Il a beau être resté assis à regarder toute la journée, Paul grimpe dans la charrette, porté par la même ritournelle, ému par le rire des jeunes filles.

Elle est là, celle qui pliait le champ sous son genou, tout à l'heure. Si proche qu'il n'ose la regarder, boit, les yeux dans le gobelet, s'essuie la barbe et boit encore.

Les larmes coulent sur ses joues. Sont-elles d'eau ou de sang ?

On a tiré pour lui une chaise dans la cour du grand mas, avec ce feu non loin, le chant d'un galoubet. Les ombres boivent les tissus. Les silhouettes sc font plus crues. Avec tous ces contrastes, on dirait que les jeunes filles qui font la ronde ont ôté leurs habits, au point qu'il se croit par moments chez Madame Henriette, à Marseille.

Et il s'endort avec l'impression troublante d'être assis sur le canapé de velours rouge où les filles attendent, jambes croisées, nues sous le châle. Le regard charbonneux de Mademoiselle Fanny. Et ces liqueurs de cuisses, ces petits seins dressés !

Quand il s'éveille, le feu ronfle sur ses braises. Quelques mouvements dans un buisson. Une flûte. La nuit est au mitan, avec une lune grosse. Il reprend son fatras et part ainsi dépenaillé, le chevalet traînant dans l'herbe.

4

Le lendemain, le jour se lève à peine. La lumière lui vient en gélatine. Ça lui rappelle ces brouillards de Pontoise qui le faisaient tousser. Un blanc crayeux, indistinct, d'avant la création du monde. La bonne a déjà balayé, posé la miche. Des salades terreuses fanent dans une bassine. Tandis qu'il reste recroquevillé sous le drap.

« Et si tout m'était repris ? » songe Paul. Car il ne voit presque rien. Si bien qu'il replonge dans ce sommeil de néant, sa tête parlant toute seule.

Autour de lui des visages austères, des pommes cendreuses et quelques cyprès flottent dans la chambre comme des fantômes. « Qu'est-ce que j'ai fait pour eux ? » Ce matin, l'espace entre chaque touche de peinture sur la toile lui semble vertigineux. « Si l'on m'avait laissé le temps… »

Un bout de campagne lui apparaît, motif étourdissant d'un hameau au pied de la Montagne, où chaque maison, chaque rocher se concrétise dans la garrigue et sur la toile au même instant. « Quelques mois encore et j'aurais atteint la formule, j'aurais su me traduire tout entier. » Au lieu de ces pauvres esquisses, qu'il voudrait empiler comme un tas de guenilles dans l'enclos d'un chiffonnier.

La bonne est revenue. Elle l'appelle, s'approche de la chambre. Rien qu'à l'idée qu'elle puisse pousser la porte, s'inquiéter de lui ou poser des questions, il se lève, enfile à tâtons ce qu'il trouve, va se débarbouiller le nez.

Elle le découvre hirsute dans le salon, à tremper le pain dans l'huile, le gilet mal boutonné. Les yeux sont si rouges qu'elle retire son tablier pour sortir trouver la vieille qui vend ses herbes à l'entrée du marché.

La porte claquée, il laisse le silence couler entre les meubles. Miaulement du chat dans la cuisine. Derrière son dos, le rythme du balancier. La lumière lui revient peu à peu, qui lui rend l'assiette, les motifs de la nappe. Il y voit assez pour s'enfuir avant le retour de la bonne.

Passé le porche, il rabat le chapeau, rasant les murs, plongeant dans l'ombre des cyprès et jusqu'aux marches de Saint-Sauveur.

Il y a ici les grandes orgues, les bouquets de lys, les statues dans les niches et leurs habits brodés d'or fin. Les noms des familles sont inscrits sur les agenouilloirs où les coiffes de dentelle rejoignent à chaque prière les mains finement gantées.

Lui vient pour les bas-côtés, cette flaque au pied du

pilier, ce coin de banc. Il vient pour le dieu des minuscules, ceux dont la vie est effrayante comme la sienne.

À ses côtés une vieille gitane a rassemblé ses os autour d'un cierge tremblotant qu'elle serre entre deux doigts.

Qu'est-ce qui fait qu'ici tout s'apaise, qu'il a chaque fois l'impression de se trouver blotti sous le ventre de la poule ? Le seul endroit où il n'a pas besoin de voir, tenir l'écrasante « responsabilité de ses dons ». Pour lui, une église c'est une caverne remplie de tiédeur où le regard est partout. Avec ses paupières brûlantes, il est venu se déposer au milieu des prières, des clochettes, des encens. Pleurant parfois, les mains ouvertes, et ce chagrin immodéré qu'on trouve aussi chez les simples et les enfants, jusqu'à ce qu'une couleur dégringole d'un vitrail pour s'émietter devant lui. Alors il s'émerveille. Puis quelqu'un lui touche l'épaule. Il bafouille une excuse et retire son chapeau. Et tandis qu'un prêtre récite, là-bas sous les lumières, il cherche une pièce dans sa poche et s'agenouille encore, perclus de gratitude, dans son recoin d'insignifiants…

À peine sorti de l'église, il redevient ce fils de banquier qui fait baisser les voix derrière des dos serrés en grappes où l'on commente les sabots maculés de couleurs, la barbe extravagante, la veste sans boutons. Avec le temps, il a appris à les deviner de loin, tant la rue lui semble étroite où ils se tiennent. D'une laideur sans aplomb. Il a beau changer de trottoir, faire un détour, il emporte souvent un rire, un mot qu'il ne cessera de dépiauter, et qui l'accompagnera longtemps.

Il n'y a pas pire énigme que cette haine sans fondements. Tellement répandue chez les voisins et dans la ville qu'elle lance des enfants à ses trousses, qui le traquent comme un chat lui jetant des cailloux. Parfois il s'imagine les arrêter ou bien parler à leurs parents.

Mais que peut-il leur dire si ce qui tellement le touche ils ne le soupçonnent pas ? Comment leur expliquer qu'on ne s'occupe pas du costume quand on s'embusque par tous les temps pour des surgissements sans promesses ? Sans compter qu'il n'est pas le seul artiste, la ville compte une bonne vingtaine d'excentriques, peignant le nu comme lui, ou battant la garrigue. Des bohèmes, parfois lubriques ou distordus, buvant fort, criant tard.

Pourquoi s'acharne-t-on sur lui ?

À force pourtant cette hostilité lui est devenue familière. Il s'en revêt chaque fois qu'il sort comme d'un manteau. Même s'il lui arrive encore d'éructer, de lever le poing – on l'a vu il y a quelques mois charger une commère avec un regard fou –, la plupart du temps l'aversion des siens le fait tomber dans le marasme. Et le voilà alors qui fuit la ville, campant un temps sous les arbres pour oublier les hommes. Consolé par les étoiles, l'haleine des bergeries et l'herbe mouillée.

Il est encore à songer à son itinéraire, supposer sur son parcours l'emplacement des antipathies par ce jour de marché, quand il aperçoit l'atelier de son ami Gabet, la porte vitrée grande entrouverte.

— Ah Cézanne...

L'homme est assis au rabot. Au-dessus de sa tête, la sciure alourdit les toiles d'araignées qui pendent entre les poutres comme de vieux rideaux de théâtre. Paul louvoie entre les barriques jusqu'à sa chaise, avec pour tout salut un grognement auquel l'autre répond d'un coup de menton.

C'est de ces amitiés si nettes qu'on se contente de respirer ensemble, communier aux mêmes gestes.

Pour l'instant donc, il est question de râper une planche d'épicéa, rugueuse encore de sa forêt. Une haleine chaude de résine flotte dans l'atelier au-dessus des copeaux, de cette main tordue, aussi ligneuse que la planche, mais à laquelle manque une phalange.

Ce doigt coupé. Il se dit chaque fois qu'il vient voir ce doigt coupé, par-delà l'ami, le carafon qu'ils boiront tout à l'heure... Comment est-il possible que cette phalange absente continue à guider le geste ? Car c'est elle, sans aucun doute, qui tient l'axe du rabot. Cela se voit à l'œil nu. Le doigt perdu hante encore l'outil, qui s'oriente sur l'établi, comme s'il sentait sur lui cette pression légère qui le fait pivoter doucement.

À cet endroit, précisément, la main et l'objet fusionnent... « Seul le travail permet ce genre de choses. » Il sait cela, le peintre, à cause de ses pinceaux. Le prolongement vers le vide, la grande dissolution se fait par le concret. Il faut des années de labeur, des monotonies, des répétitions pour abolir un jour peut-être l'espace entre le peintre et ce qu'il a devant lui.

Ici, dans l'atelier de Gabet, les théories se fanent. Pour capter sa Montagne, tenter d'en saisir les couleurs, il n'y a que le chemin étroit d'une pratique incessante où le geste est donné chaque jour sans attentes, à foison.

Quelle différence alors entre l'artiste et l'artisan ? La foudre. Va donc savoir pourquoi, l'un des deux reçoit soudain l'éclair, qui ouvre en lui un passage, presque aussitôt refermé, mais où sa vie entière a basculé déjà. Si bien qu'il lui faut y retourner encore, pour tenter de rouvrir la brèche, mendier l'extase, avec les gestes de l'artisan.

Sur ces chemins périlleux le travail est son seul refuge, comme ces étables qui jalonnent ses errances quand il bat la campagne, surpris par une pluie : cette porte à peine tenue par une corde et déjà les vapeurs consolantes de ce foin d'haleine, où les bêtes sont couchées.

5

Jeté comme un enfant sur ce quai de gare, avec sa limousine de roulier, en bras de chemise, Cézanne prend le train pour Marseille. Une telle cohue. Trébuche dans les paniers. Cogné par les chapeaux, les ombrelles. Fulmine, ramasse sa pipe. Sifflements et fumées. S'affole, agrippe le premier marchepied venu et s'assoit pour finir devant une table du wagon-restaurant, serré contre la vitre, prêt à mordre le prochain qui le touche.

Il reconnaît, dehors sur le quai, le tondeur de chiens aux allures de gitan qui vient chaque soir se planter devant le café Clément avec ses gros ciseaux pendus sur la poitrine.

Est-ce l'odeur des fumées ? Ses yeux larmoient. Il baisse la tête.

C'est Marie, sa sœur, qui a pris rendez-vous chez Robuchot, l'oculiste de la rue de Paradis, qui soignait aussi son père.

Il parvient parfois à ne plus penser à ce qui lui est arrivé cette nuit-là dans la chambre. Mais ça s'obstine, ça le suit. Ça le réveille la nuit parfois. Il y a ce trou, cet entonnoir du fourmilion dans sa vie désormais. Dont il évite de s'approcher.

Derrière la vitre, les nuages se dissipent. « Après l'oculiste j'irais bien chez Vacquier me chercher du noir de pêche, des laques de garance et un jaune de Naples. Il ne m'en reste presque plus... Sans compter que le canal de la Douane où est le marchand de couleurs n'est pas si loin de la rue Lanternerie où sont les gigolettes. »

Il est déjà chez Madame Henriette, parmi les méridiennes, les lampes de verre soufflé, guettant le cliquetis du rideau perlé, des rires de femmes dans les alcôves. Déjà le rose lui monte aux joues, tandis que le train prend le grand viaduc, ouvrant sur la craie des collines, les grappes de micocouliers, la mer molle des garrigues.

L'œil repart fureter, malgré ses larmes, reniflant les contrastes, sondant le loin.

Autour de lui ça parle fort. De congés agricoles, du cours de l'amande. Le chien du voisin ramassé par le service de la charrette. Du crêpage de chignons en règle dans l'épicerie de la rue Mignet.

Passé Luynes, l'œil cherche sur les coteaux la tache des oliviers, les carrés de jachères noyés de coquelicots. Ils n'y sont plus.

À chaque voyage, il a l'impression qu'on lui a changé le paysage, par petites touches, quand il avait le dos tourné. Avec maintenant cette vigne arrachée, ce blé partout. Les bastidous en ruine, où l'on se contentait d'un lopin sous la treille, avec quelques moutons.

Puis, comme le train siffle encore, il se ratatine dans le siège, presque honteux de déranger.

C'est qu'ils passent fort à travers la campagne avec les claquements d'acier de la locomotive, ce cortège de fumées. Autour d'eux les feuilles volent, le souffle des wagons écrase la brume des graminées.

Chez Gabet, l'autre jour, était entré un paysan. Il sortait de chez la veuve Berthet et venait d'acheter des phosphates. Un gros sac estampillé Saint-Gobain qu'il cognait en parlant du bout de son sabot.

Lui préférait le brûlis ou la fumure des bêtes, mais le maître ne lui laissait plus le choix.

Ces « chimies » forçaient la terre qui dressaient le blé plus haut mais le rendaient fragile. « Comme s'il avait perdu ses os, disait l'homme, et qu'il était resté enfant. »

Et c'est cela qu'il voit entre Gardanne et Simiane : des champs « gavés de pastilles » mais portant comme une mollesse avant l'épi. Un blé n'ayant grandi que pour grandir et qui ne sait pas raconter la terre où il grandit. On n'y devine plus le calcaire, ou ces flaques dans l'argile qui verdissaient la tige au début de l'été.

Il sort sa revue.

Un dessin au fusain illustre la ruée vers l'or, thème d'un poème de Charles Fuster, un Suisse dont lui a parlé Gasquet.

Il s'enivre de cet or fauve,
Il s'en gorge comme de lait
L'eau le brûle, il brise les pierres,
L'or éclate dans ses paupières
L'éblouissement l'étourdit.

Paul soupire, ferme la revue.

Et comme pour se rincer l'esprit avec une rasade de bon vin, il récite dans sa barbe quelques vers de ce poème de Baudelaire qu'il aime tant :

Et pourtant vous serez semblable à cette ordure,
À cette horrible infection,
Étoile de mes yeux, soleil de ma nature,
Vous, mon ange et ma passion !

6

« Le docteur Robuchot n'est pas arrivé », répète la bonne après chaque coup de sonnette. Plus de deux heures que Paul l'attend. « C'est grillé pour mes couleurs chez Vacquier. Et même les gigolettes… Enfin, on verra. »

Tout à l'heure, au Vieux Port, il a croisé des lieuses, descendues du pays Gavot pour la moisson. On sentait que c'était la première fois qu'elles découvraient la ville, parce qu'elles marchaient en grappe et ne se lâchaient pas.

Penchées sur les casiers, elles demandaient au pêcheur le nom des poissons. Chevelures lourdes, serrées sous la coiffe, le châle noué sur la poitrine, les jupes comme des clochettes de campanules, qu'elles balançaient, renversaient, le crabe tenu entre deux doigts, au bout d'un long bras tendre…

Parfois ses yeux capturent des fulgurances, un détail laissé comme une énigme, et qu'ils dépiautent ensuite dans les temps de rêverie.

Coincé entre deux sièges, Paul revoit le sillon brun aperçu, tout à l'heure, sur la nuque de la jeune fille. Ce sentier délicat qui perçait sous la dentelle, tout parsemé de boucles et de cheveux naissants.

Enfin Robuchot surgit, criant un nom en fanfare. À petits pas contraints, un enfant passe devant lui avec sa gouvernante. Le médecin claque la porte derrière eux.

Paul se raidit. L'homme n'a pas l'air avenant. Qu'on l'ausculte, à la rigueur, mais il ne se laissera pas tripatouiller les paupières, comme l'ami Pissarro.

Un jour, ils peignaient les meules, du côté de Pontoise, quand Pissarro avait disparu, laissant en plan la toile et la palette. Paul l'avait cherché au bistrot, puis avait couru jusqu'au lavoir car il faisait chaud, et le vieux peintre aimait parfois fumer la pipe les pieds dans l'eau.

Au lieu de quoi il l'avait trouvé chez lui, jeté en travers d'une méridienne, dans une pièce sombre, rideaux tirés.

Encore chaussé de ses sandales, le corps massif semblait rassemblé sur ce bout d'oreiller pour écouter couler les larmes qui gouttelaient jusque dans sa barbe.

— Je me repose, avait dit le maître.

Cette année-là, Pissarro avait passé l'été derrière les volets clos, attendant chaque jour que les tourterelles vinssent lui annoncer le crépuscule. Alors il allait marcher dans l'allée, avant la nuit.

C'est lui pourtant qui avait sorti Cézanne de l'atelier pour qu'il aille dessiner les arbres assis à leur ombre, respirer avec ce qu'il peignait.

Chaque fois qu'il pense à Pissarro quelque chose en lui s'attendrit. Il revoit ces moments où ils se parlaient d'une toile l'autre, plantés des heures dans le même champ, sans prononcer un seul mot.

Ils sortaient, avec les tubes, les palettes, parcourant les bois, les campagnes avec l'ambition secrète d'éveiller leur regard, de capter des sensations.

Par une sorte d'instinct, ils avaient compris – sans vraiment se le formuler d'ailleurs – que ce que l'on appelait « la nature », à l'époque, n'était plus vraiment peint. Le monde n'avait plus de témoins.

« L'art du paysage » se pratiquait à l'abri, sous le toit des hommes, dans les académies de peinture, la lumière des lustres en surplomb. Là, le bosquet, la clairière étaient savamment reconstitués, selon les techniques des anciens. On ne posait pas le pinceau sur la toile sans avoir d'abord intégré un arsenal de règles, de perspectives, et cette tyrannie des clairs-obscurs, qui voulait que l'on mît sous chaque touche de lumière l'ombre exacte qui lui correspondait.

La peinture était devenue cette grammaire, disposée en faction devant le monde, où l'arbre n'existait plus dans sa surgie, mais comme un faire-valoir, l'élément d'un décor bien pesé où l'homme tenait le premier rôle…

Dans ces paysages réinventés entre quatre murs, la campagne empaillée avait le poil terne, ne chantait plus.

Pas plus que l'on ne peignait les arbres, les montagnes, les rochers, tels qu'ils vivaient alors sous le même ciel, l'on ne peignait les hommes de ce temps. Du moins ceux que l'on croisait dans la rue, ou qui travaillaient dans les champs.

C'était au fond un drôle de reflet du monde que ce qui se donnait à voir dans ces expositions. Celui qui en attendait quelque chose sortait de ces salons un peu plus seul encore, car il n'avait rien rencontré. Rien qui ne l'eût surpris, rien qui n'eût réveillé en lui le désir, l'émerveillement ou la colère. Rien qui n'eût nourri cette part de lui instinctive et sauvage. Rien qui ne l'eût rendu vivant.

C'était si simple au fond, pensaient Pissarro et Cézanne : aller peindre l'arbre en étant avec l'arbre, nouer des relations. Assis dans les bois, devant les champs labourés, ils prenaient la lumière comme elle venait, bouleversés de découvrir ces taches musicales, audacieuses.

Ils se mirent à peindre des expériences, renouant des liens familiers et intimes avec ces coins de terre qui n'étaient plus regardés.

Nos deux irréductibles vendaient peu. Qu'un bosquet de pins, un corps de femme ou le portrait d'un paysan pût être l'occasion d'une expérience intérieure, provoquer un « excès de vision » semblait tellement inconcevable que l'on claquait les portes des salons à ceux qui peignaient de la sorte, jugeant leurs toiles indignes d'être montrées.

Mais la vie était dehors. Partout dispersée dans le simple. À portée de main. Rien n'aurait pu les empêcher de sortir, par tous les temps, tout inconnus qu'ils fussent.

Ils cherchaient surtout l'expression d'une parole-autre, un mot, une couleur, un contact que nos peintres tentaient humblement de retranscrire : là seulement où « cela » avait eu lieu.

Un défi qu'ils relevaient pourtant, chacun aiguillonné par l'audace de l'autre, s'épiant entre deux touches.

On ne soupçonne pas à quel point le monde étouffait déjà à l'époque de ce par quoi il s'asphyxie aujourd'hui. Car il y a au fond une grande violence à séparer l'homme de cette terre vivante, où il infuse depuis toujours et sans laquelle il ne peut se connaître vraiment, se rencontrer.

Déjà nos sens s'atrophiaient, relégués à seconder cet esprit tout-puissant qui s'extrayait du vivant comme s'il eût été d'une autre ascendance, et pour qui cette « nature », dont il n'avait connaissance que par ouï-dire, se résumait au bois de cerf pendu dans le salon.

Pissarro, le vieux maître, lui avait transmis la posture, qui promenait avec lui ses racines, se plantait, à peine arrivé au motif, germinait, disparaissait dans le champ.

À tant voir, on imite. Puis imitant on comprend. La

patience pour la patience, tel un morceau d'argile qui se laisse pétrir et ne demande rien.

Comme ces matins où il le découvrait trempé par la bruine, attendant depuis des heures, pour ces trouées de nuages par où le soleil sortait un doigt, dressait l'échelle des lumières, déployées jusqu'à l'horizon.

Par lui, il avait appris comme l'instant se mature, que la moisson d'une éclaircie se sème des heures à l'avance, sans certitude aucune. Debout dans le froid.

La maladie l'avait pris par surprise alors qu'il peignait dans l'humidité et le vent. Dacryocystite.

Il avait son oculiste, mais refusait l'opération, consentant à porter le bandeau, les demi-verres. Ou larmoyant le pus jusqu'à ce qu'on l'incise. Mais jamais au-delà.

Pissarro ne se plaignait pas. Seuls ses yeux importaient, qui réglaient le rythme du travail. Parfois, on le voyait fouiller sa poche pour sortir le collyre et il se retournait, pointant le ventre, dans une contorsion étrange, où deux gros doigts barbouillés de peinture cherchaient la paupière à tâtons.

Au fil des ans, la maladie l'avait obligé au repli. Condamné à peindre derrière la vitre pour éviter le vent, il louait des chambres à Paris sous les toits pour tenter de retrouver ses perspectives de Louveciennes, où chaque arbre avait ses contorsions et ses figures, ne ressemblant à aucun autre, comme les visages dans la rue.

Tout lui convenait, pourvu qu'il y eût un ciel pour éclaircir les pavés, ou les couvrir d'un fleuve.

Rue Drouot, avenue de l'Opéra, rue de Rivoli ou place Dauphine, quand il venait à Paris, Paul prenait les colimaçons pour rejoindre le vieux maître dans les soupentes, contempler les panoramas, à côté des pigeons.

« On peut faire de si belles choses avec si peu », s'extasiait Pissarro. Un carreau, une rue, quelques toits...

Cézanne, tout larmoyant qu'il fût, se sentait incapable de poser une touche qui ne soit inspirée par les transparences de l'intervalle, posée à l'épaulement d'un vent, sa Montagne en surplomb.

Maintenant il s'inquiète. Persuadé de couver un mal sans remède, incapable d'affronter ce qu'on va lui annoncer, Cézanne transpire, s'éponge le front.

Mais voilà que la porte s'ouvre, c'est à son tour d'entrer...

7

Trouver les mots d'abord, une élocution fluide. Chasser cette confusion qui enlise ses phrases dans d'obscurs bredouillements.

Il faut dire que l'autre en face n'est pas aidant. Il est pressé, ça se sent.

Paul essaie d'expliquer – sans raconter, bien sûr, la nuit du fourmilion. Alors il atténue, reste évasif. Et le médecin ne comprend rien, qui s'impatiente tout en lustrant les lentilles.

— Pour dire vrai ça me brûle, j'ai les yeux injectés de sang. Le docteur Lantignac, que je consulte aussi, m'a posé un diabète qui, selon lui, peut expliquer beaucoup.

— Eh bien voyons, dit l'oculiste.

Il attend que Cézanne se relâche, et comme ça ne vient pas l'agrippe par l'épaule. Le peintre se rebiffe, recule la chaise, prêt à mordre.

— Ah mais laissez-vous faire, bon sang ! Sinon je vous fais attacher ! J'ai des courroies, derrière vous sur le siège, vous pouvez vérifier…

C'est alors que surgit la bonne, une maigrelette qui semblait tapie derrière la porte et qui approche en trottinant, les mains devant.

— Mariette, mettez-vous donc derrière pour lui tenir la tête, que je puisse regarder.

— Je ne veux pas qu'on me touche ! dit Paul, docile tout à coup.

— Alors on ne bouge plus. Voilà… ce ne sera pas douloureux. Ouvrez l'œil, je vous prie. Là : devant la lentille… je mets la lumière… voilà… Vous permettez que j'étire la paupière, je voudrais regarder dessous ?

Lui n'est plus maintenant qu'une chair molle. Et retenant son souffle, s'empêchant de penser.

— Vous êtes peintre, n'est-ce pas ? C'est drôle, vous avez le teint d'un paysan…

— C'est parce que je peins dehors…

— Ah bon ? Sous le soleil alors ?

— Sous tous les temps…

— Avez-vous des migraines ?

— Oui ça m'arrive, mais je souffre surtout d'éblouissements.

— Des éblouissements étoilés… ou avec des halos parfois ?

— Non, des éclairs fulgurants qui me mordent les yeux et m'aveuglent un moment.

— Ah… et ça vous dure combien de temps ?

— Je ne sais pas. Dans des moments comme ça je ne pense pas à compter.

— Et après tout revient à la normale ?

— Oui. Mais ça m'inquiète bougrement. Pour tout vous dire, j'ai peur que ça me rende aveugle…

— Quelle drôle d'idée ! Est-ce que vous parvenez à distinguer les bleus des noirs ?

— Heureusement, sinon je ne ferais pas ce métier…

— Et les gris ?

— Les gris sont importants pour moi…

— C'est donc que vous parvenez à les voir…

— Et que j'en use…

Ces éblouissements embarrassent le docteur Robuchot.

Il était parti pour une conjonctivite irritative due au soleil et favorisée par le diabète, et voilà qu'il penche maintenant vers un début de cataracte. Mais les taches opaques, presque imperceptibles, ne semblent pas fixées. Elles pourraient correspondre à des dépôts consécutifs à une irritation plus ancienne…

Le diagnostic n'est pas simple, et le docteur Robuchot qui a connu le père Cézanne, qui a rencontré la fille et découvre maintenant le fils n'est pas homme à s'encombrer.

— Vous montez parfois travailler à Paris, m'a dit votre sœur…

— Oui pourquoi ? Qu'est-ce que j'ai ?

— Rien de grave. Je voudrais seulement étayer mon diagnostic avec l'avis d'un confrère…

— Vous avez dit que ce n'est pas grave. Alors pourquoi m'envoyer à Paris ? Moi je suis très bien ici…

— Pour vous guérir, monsieur Cézanne…

— Parce que c'est guérissable ?

— Bien sûr…

— Vous me dites pas des coyonneries au moins ?

— Non vraiment ce n'est pas grave, je vous assure. Je voudrais juste m'assurer que ces éblouissements ne sont pas dus à un début de cataracte. Il y a dans votre cristallin quelques opacités…

» L'homme à qui je vous envoie est un éminent spécialiste de la cataracte. Barthélemy Racine. Vous avez peut-être entendu parler de lui, c'est l'inventeur de « l'Hirudine » : un appareil qui a révolutionné en son temps la chirurgie des yeux.

» L'idée est simple, mais extrêmement astucieuse : équipé d'une petite pompe, le dispositif aide le chirurgien à extraire le cristallin sans ces pressions manuelles si dommageables pour la cornée.

» Une petite incision et voilà notre cristallin qui sort comme un escargot de sa coquille…

C'est le mot « opacité » qui l'a convaincu d'abord. Une vraie révélation.

Il n'écoute plus, le peintre, tant l'explication lui semble évidente, qui ranime le souvenir de ses impuissances, toutes ces toiles laissées dans l'herbe, lacérées au couteau.

Oui c'est ça : il souffre d'« opacité ». Quelque chose est entré dans ses yeux qu'une simple aspiration peut retirer. Un petit coup de ventouse, et hop : le rideau s'ouvre sur un œil nettoyé, qui sait traduire les lumières, couvrir la toile de taches justes comme des notes de musique… Et l'œuvre enfin réalisée !

— Je pensais peut-être aller à Paris bientôt…

— Ah vous voyez ! Ce sera l'occasion de rencontrer ce médecin. Voici l'adresse. Asseyez-vous là, je vous prie, le temps que je lui écrive un mot pour annoncer votre venue. Il doit être un peu âgé maintenant, mais il a la main très sûre, vous verrez.

— Merci beaucoup…

— Il s'appelle Barthélemy Racine. Il habite rue du Cygne. Si ma mémoire est bonne, c'est près du quartier des Halles. Tenez, voici la lettre. Postez-la au plus tôt.

» Je me souviens aussi qu'il a écrit un livre, il y a une bonne vingtaine d'années. Il y décrit la machine, le mode opératoire. On y trouve aussi quelques études de cas, fort intéressantes, qui débouchent sur une théorie du regard, ma foi, assez controversée… Si ça vous intéresse, je crois qu'il m'en reste un exemplaire…

Cézanne hoche la tête.

— Tenez, le voilà. Vous me le rendrez à l'occasion.

Robuchot lui tend un livre de maroquin rouge, sans dorures ni fleurons :

LE REGARD NEUF
Barthélemy Racine
(Ancien interne au service d'ophtalmologie de l'hôpital Saint-Antoine)

Cézanne glisse le livre dans sa besace, à côté de sa vieille boîte de fusains.

À peine sorti dans la rue, sans même songer à ses tubes de peinture, ni à ses gigolettes, il remonte vers la gare Saint-Charles acheter ses tickets pour Paris.

ACTE II

Le regard neuf

1

Orphelin de mère, Barthélemy Racine grandit à Paris auprès d'un père médecin, du côté de la Bastille, dans un hospice d'aveugles. Là vit une humanité discrète, vêtue de longues redingotes grises avec des boutons dorés, frappés de fleurs de lys.

Deux fois par jour, les aveugles sortent des ateliers de la manufacture. On les voit traverser la cour, l'un derrière l'autre, pour marcher jusqu'aux réfectoires, la timbale à la main.

Ce sont des minutieux, qui se tinrent penchés jadis à longueur de journée sur la perle, sur l'or fin : des joailliers, des chapeliers, des horlogers. Mais il y a aussi des syphilitiques, des mélancoliques, d'anciens militaires... Tous ont vu leurs regards étiolés par la maladie, le chagrin, sous un bout de chandelle. Ou dispersés d'un grand coup par une poudre à canon.

L'hospice est comme tout autre lieu soumis à l'aristocratie de la lumière. Les voyants, sans qu'ils en aient conscience, jouissent de tous les droits. Accablés par les religieuses, qui voient la cécité comme l'effet d'une punition divine, les aveugles ont pris le parti de baisser la tête et de parler bas.

C'est pourtant auprès d'eux que Barthélemy s'échappe le plus souvent, trompant la vigilance des bonnes. Pour eux, il court ramasser la piécette tombée entre deux pierres. Il aime les écouter parler.

Ils ne se plaignent pas. Certains prennent plaisir à raconter leur vie d'avant, sachant reconstituer des moments tellement vivants que les autres hochent la tête, comme s'ils les avaient vécus aussi.

Ici, chaque soir, au crépuscule, le petit monde des carreaux allumés n'a pour vis-à-vis que des fenêtres sombres où des fantômes passent parfois.

Apprendre à lire pour l'enfant, c'est ramener les yeux à la maison pour les faire entrer dans la page, les enfermer entre ses mains. Mais ceux qui lui montrent, ceux qui voient dans les livres mieux que personne, experts dans l'art de nouer les lacets, d'éplucher une poire avec la fourchette et le couteau – le père, les religieuses ou les autres –, quand ils tournent parfois les yeux vers lui, l'enfant se sent toujours trop loin.

Il y a dans le grand couloir qui traverse chaque étage de la bâtisse deux courants de circulation : celui sous les lampes, au milieu des moquettes, où passent l'administrateur, les officiers de santé, avec les infirmières, les sœurs tourières. Et les rigoles de pénombre qu'empruntent les aveugles.

Peuplées de souffles, de lenteurs, ces rigoles rasent les murs. On y entre comme on passe un rideau. L'enfant aime plonger dans cette coulée de piétinements et de tiédeurs, emporté doucement entre deux redingotes, un bras sur son épaule, pour ressortir plus loin, à côté d'un vieux chien.

Dans ces sentiers ombreux, de pieds traînés, de doigts blanchis par le salpêtre, Barthélemy pense parfois à sa mère, morte en lui donnant la vie. À quoi ressemblait son visage ? Il n'a pas de souvenir, pas d'image. Tout a disparu avec elle. Ne reste qu'un prénom, Ida, que le père ne prononce plus.

Parfois il la sent, assise près de lui dans la cuisine. Elle est dans l'usure de chaque marche, dans la douceur de la rampe, dans l'éclat des tulipes. Les jours de fièvre, elle est la main fraîche sur son front. Elle est partout, Ida. Le silence, l'omission rendent les morts plus présents. Qui n'arrivent pas à partir. Qui s'obstinent. Cognent la mémoire des vivants jusqu'à ce qu'ils aient le sentiment d'avoir au moins laissé des traces. D'avoir un peu vécu.

Avec le temps, les bonnes se lassent de courir après lui et Barthélemy passe du côté des carreaux éteints, habitant avec les aveugles. Son père l'a presque oublié. Remarié, il habite désormais en ville, ne venant à l'enclos que pour ses consultations.

L'enfant dort avec la vieille Marta, une aveugle silencieuse dont la tête maigrelette est toujours coiffée du même chapeau.

Elle vit aux soupentes, un grenier immense qui couvre la seconde bâtisse d'un ciel de charpentes percé de quelques lucarnes. Un moutonnement de draps tendus délimite les chambres. Parfois la cloison se gonfle d'un coude, s'abaisse au bout d'un pied et tout le grenier balance lentement comme une toile d'araignée.

Beaucoup de clandestins habitent aussi ce purgatoire sous les toits où les voyants ne vont jamais.

Tôt le matin, Barthélemy les voit qui s'escampent : des joueurs d'orgue, des piqueurs de mandoline, montreurs de fourrures à grelots, singes et marmottes, et avec eux des mendiants tirant la jambe, qui courent à l'absinthe, à la soupe au caillou, au café de plein vent.

Puis le grenier s'éveille. Les mains se dessinent un visage, tandis qu'à quatre pattes sous les lits Barthélemy aide à retrouver la galoche, puis à nouer un tablier ou piquer un chignon.

Quand tout le monde est parti, l'enfant ramasse la poupée, raccroche un rideau, parcourant ce pays sans miroir, où les lumières semblent plus désinvoltes. Remontant les couloirs de tissus, il découvre aussi quelques marottes : la chaufferette sous l'oreiller, la pipe plantée dans le paillage d'une chaise, fétiches et bigoteries, accrochés au-dessus du lit.

Est-ce la tendresse qu'il éprouve pour eux ? On dirait que tout ce qu'ils touchent porte encore une patine, une luisance infime, comme la lueur sur la coquille où la poule a couvé.

Éclairé de loin en loin par les lucarnes, le grenier baigne dans une ombre exquise, velours palpitant d'odeurs, de pommes flétries, de lait tourné, de cendres tièdes et de sueurs.

Au lieu de s'amoindrir, la réalité au contact des aveugles s'amplifie au contraire, lui paraissant plus mystérieuse aussi.

En bas, le corps n'existe presque pas chez les voyants, qui ne semblent s'animer qu'à partir du cou, le reste tenant la raideur sous les plastrons et les corsets.

Contraint par la cécité à retourner en lui-même, l'aveugle campe dans l'humus de l'homme : le terreau de ses expériences et de ses sensations, apprenant aussi le monde, par-delà ses mains tendues, par la joue, par la langue, en y mettant le nez parfois.

Cette virtuosité à connaître par la peau, à regarder par la parole, à pénétrer chaque chose jusqu'en ses profondeurs, nul ne semble la remarquer parmi les infirmières et les médecins.

À ceux-là, l'enfant aimerait expliquer comment les aveugles ont des perceptions justes, étonnamment précises parfois. S'ils prenaient le temps de l'écouter, il leur raconterait par exemple comment l'aveugle Henri

Lemaître sait, rien qu'en touchant les parois de sa maison, si les siens sont rentrés.

Ou comment la vieille Marta l'appelle par son nom, à peine il apparaît dans le grand réfectoire, et sans qu'il ait dit un seul mot…

Plusieurs fois par jour, l'enfant passe ainsi des lustres aux ombres. De ces grands salons, où le blanc s'arrête au bord des tables, noué autour des tailles, serré sous les mentons. À ces rangées de portemanteaux, aux antichambres du regard, où les uniformes sont chaque soir accrochés.

Il a trouvé aux soupentes comme une seconde famille qu'il aide le soir venu à ces curieux métiers que les aveugles ont dû inventer pour survivre, préparant des billots pour les machines ou marquant dans la nacre l'emplacement des piquets où percer les boutons.

Auprès des anciens horlogers, il apprend à réparer les montres.

Il aime aussi écrire les « arrêts du destin » : de petits papiers à présages qu'on roule dans des coquilles dorées, fermées par un ruban et que les mendiants savent vendre aux grisettes.

Après les cours du précepteur, les sermons de l'abbé Moustier, l'espoir déçu, une fois encore, de voir son père, l'ayant attendu pendant plus d'une heure assis devant la porte de son bureau, il va retirer ses habits chez la lingère puis monte au grenier.

Tricotant dans le noir à côté du poêle où cuit une soupe, la vieille Marta le devine aussitôt qui l'appelle doucement.

À peine il approche qu'elle pose l'ouvrage, tend vers lui ses doigts longs.

De se sentir ainsi caressé lui viennent quelques mots, parfois des larmes, des bredouillements.

Combien de temps lui parle-t-elle ainsi sans prononcer une seule parole, avec seulement le bout des doigts ?

Quand elle retire ses mains, il reste à rêvasser, la tête encore sur ses genoux. Mais l'âme claire, léger comme tout.

2

L'idée lui vient aux soupentes, autour de cette grande table où l'on partage la soupe. « Un jour je vous soignerai les yeux ! » Et tout le monde le croit.

Il y a pourtant bien peu de chances pour que ceux qui l'écoutent ce jour-là soient encore vivants lorsqu'il sera médecin.

Mais à compter de ce jour il devient le « petit docteur Racine » et certains lui demandent de mettre les collyres, de changer les pansements.

Vingt ans plus tard, quand, ayant réussi sa médecine, il s'inscrit aux leçons d'ophtalmologie du docteur Laube à l'hôpital Saint-Antoine, il a l'impression encore de les entendre, Alphonse Chapelier, la vieille Marta et tous les autres.

Et qu'ils sont bien contents.

Alsacien passionné par l'entomologie, Ralph Laube est surtout l'un des meilleurs chirurgiens de Paris. Une amitié est née entre le maître et l'élève.

Deux fois par semaine, Barthélemy l'assiste dans le

dispensaire que le professeur a ouvert, rue de l'Observance, pour des consultations gratuites d'ophtalmologie, où se pressent les indigents.

Encore inexpérimenté, le jeune médecin se contente de poser les sangsues au coin des yeux et de fabriquer les collyres.

Armé d'une loupe, il abaisse parfois les paupières, inspecte les conjonctives.

« N'oublie jamais ton patient, lui dit souvent le docteur Laube. L'homme est assis devant toi et tu lui parles à peine, tu ne regardes que ses yeux. »

Il est vrai qu'aux premiers temps Barthélemy Racine voit l'ophtalmologie comme une exploration. Lorsqu'il approche la lampe d'un globe oculaire, il a l'impression d'être aspiré dans un espace membraneux et liquide qui l'étourdit souvent.

S'il rapporte parfois de son voyage un diagnostic, il n'a jamais le sentiment d'avoir percé le moindre secret.

Ce globe de sept grammes reste pour lui une contrée inexplorée. Le nez plongé dans les livres, sous le microscope ou dans les salles de dissection, il essaie d'en dresser la carte, d'en apprendre le jargon.

Le soir, il rentre chez lui l'esprit brouillé par l'étude, s'endormant dans des paysages époustouflants, où les caroncules se dressent comme des îlots pour faire barrière aux larmes.

Barthélemy Racine habite un garni, rue Soufflot, au dernier étage d'un immeuble vétuste, où l'on se retrouve dans la cour autour du puits, sous le linge à sécher.

Il y a là des blanchisseuses, un atelier de confection d'ombrelles, un rétameur et même un berger en chambre, qui promène ses trois chèvres autour des marchés.

Le tintement du marteau, le chant des femmes, la course des enfants dans l'escalier : ces bruits le retiennent au monde quand il disparaît dans l'étude. Il aime chaque membre de cette tribu d'hétéroclites, qu'un même toit agglomère, soude comme une famille.

Plus tard, il regrettera de les avoir si peu connus.

Les explorations de Barthélemy Racine prennent une tout autre ampleur quand le docteur Laube achète pour le dispensaire ce petit appareil qui révolutionne le monde des oculistes : l'ophtalmoscope.

Inventée par un Allemand, la machine permet enfin de découvrir le fond des yeux.

Jusque-là, l'œil était cette flaque luisante où nul n'osait plonger, ou seulement avec le scalpel et la pince dans les salles de dissection. Tandis que la machine propose d'entrer avec la lumière visiter un regard vivant.

L'astuce consiste à diriger sur la pupille un faisceau lumineux dévié par un miroir à travers lequel le médecin peut observer l'œil du patient à sa guise.

La perspective de pénétrer dans l'intimité de l'œil trouble tant le jeune étudiant qu'il ne distingue rien la première fois, commettant l'erreur de regarder l'œil même et non le reflet qui se forme au foyer de la loupe.

Par la béance de la pupille, ayant passé le cristallin, traversé l'humeur vitrée, il aperçoit enfin le fond de l'œil : une paroi pourpre déployée en arborescence sur une aube de premier matin du monde, où un soleil semble attendre derrière les voiles la permission d'entrer.

Les images se reflètent sur le fond de la grotte : la rétine.

Si l'on sait maintenant arriver jusque-là, nul n'est capable de comprendre ce qui s'y passe précisément. L'ophtalmologie à l'époque ne sait pas encore expliquer le phénomène de la vision. Certes, on pressent que le cerveau y joue un rôle, mais personne n'a su le prouver.

« Décrire, ah pour ça on sait faire, dit souvent le docteur Laube, mais une vraie science n'existe que lorsqu'on sait expliquer ! »

Que le fonctionnement du regard demeure encore une énigme enchante l'étudiant. Il n'est pas pressé de comprendre.

Assis devant l'ophtalmoscope, il contemple cette alcôve un peu ombreuse, comme ces petites chapelles autour du chœur des cathédrales, où les bougies sont allumées.

Pour arriver jusque-là, il a plongé au cœur de la prunelle, traversé une variété inouïe d'étoffes et de matières, des tuniques réticulées, des velours, des capsules translucides.

Il y a tant de beauté, de perfection dans ce petit organe qu'il ressent comme une disproportion entre cet instrument d'un raffinement extrême, ajusté pour un virtuose, et notre façon de le connaître et de nous en servir aussi.

Car l'œil n'existe pas seulement pour lire le journal, ou accompagner le geste, il en est sûr. L'instrument est trop sublime. Mais y a-t-il un seul homme, en ce monde, qui saurait en jouer ?

3

De toutes les parties de l'œil, celle qui fascine le plus Barthélemy Racine est ce petit haricot translucide d'un centimètre à peine qu'on appelle le cristallin. Ce pourquoi il en fait le sujet de sa thèse.

Comme le docteur Laube le lui fait remarquer – non sans une certaine ironie –, avec sa *Physiologie du cristallin*, on reste dans le descriptif, ce n'est pas grâce à lui que l'ophtalmologie va devenir une science.

« Je n'ai pas l'âme d'un chercheur, répond le jeune médecin. Suivre le trajet de la lumière me suffit amplement. »

Étudier l'œil, c'est faire l'inventaire des transparences : découvrir comment les principaux tissus du corps – tous représentés ici et naturellement opaques – se métamorphosent au fil de l'évolution, écartant tout ce qui peut encombrer le champ de la vision en même temps qu'ils se rendent absolument translucides. Une conspiration de la lumière, que chaque membrane s'applique désormais à accueillir et transporter intacte jusqu'au fond du globe oculaire, sur la rétine, où l'écran est dressé.

Le cristallin en est l'exemple parfait – dépourvu de veines, de nerfs, aux cellules dénuées de noyaux –, gorgé seulement de lumière…

Il y a tellement de justesse et de poésie dans cet ordonnancement de tuniques, de follicules, de liquides et d'humeurs que Barthélemy éprouve la même gratitude devant son microscope que lorsqu'il va écouter les concerts à Saint-Eustache.

L'œil lui semble une musique savante, bâtie par paliers, alternance de capsules d'eau et de membranes, vibrant ensemble pour la clarté.

Ses étonnements, ses fascinations et les questionnements qu'ils génèrent restent des bonheurs clandestins, étrangers à la rigueur d'une description scientifique.

L'étudiant déplore le pragmatisme de cette science qui décrit l'iris comme un « muscle annulaire à la fonction de sphincter » quand il s'extasie tant devant cette explosion de faisceaux colorés, tous ces bleus moirés, ces bruns soyeux, ces roux dorés, rayonnant autour de la prunelle et qu'il voit scintiller sous sa loupe.

Pourquoi l'iris de chacun est-il si différent ? Qu'est-ce qui fait que la nature s'applique à inventer dans chaque œil ces taches de couleur uniques, inimitables ?

Toutes ces questions – inutiles pour la science – l'accompagnent pourtant.

L'œil ne donne pas seulement à voir, il offre le surcroît d'une beauté gratuite. Et qui semble dénuée de fonction.

Parfois, dans la solitude de sa chambre d'étudiant, Barthélemy marche jusqu'au miroir. Que voit-il ? Un jeune homme un peu pâle avec des lunettes rondes, un cou trop long.

Il aimerait aller à ces bals d'étudiants où viennent aussi les grisettes. Souvent il s'habille. Puis au moment de sortir, le voilà qui se rassoit, relit ses notes. Une fois encore il ne part plus.

Que va-t-il entrer en farandoles, pour trouver en sortant ces hommes assis sur le trottoir ?

Depuis qu'ils sont sans travail, il n'y a plus de place pour eux dans la ville. Ils le découvrent, atterrés. Où qu'ils soient, ils encombrent. Adossés contre un mur, on les voit battant les cartes, lançant les dés, tandis que leurs yeux promènent l'exaspération comme un feu de brindilles.

Si bien qu'il replonge dans l'étude, Barthélemy Racine.

L'œil est devenu cette crypte silencieuse où la ville n'entre pas quand, penché sur le microscope, il étudie cette petite loupe, à peine plus grosse qu'une goutte d'eau.

Qu'a donc le cristallin de plus que les autres membranes ? Il danse ! Dans ce royaume des transparences la petite capsule ovale est la seule à s'agiter.

Le danseur frétille pour régler la netteté de l'image,

retenu par des fibres élastiques qui l'étirent, le contractent selon la distance des objets. Une loupe vivante capable de passer des caractères étroits d'une ligne d'écriture à l'oiseau entrevu au carreau.

La médecine appelle ce phénomène « l'accommodation ». Et cette fois le mot lui convient.

Si l'on ne peut encore expliquer le fonctionnement du regard, on sait déjà mieux comprendre l'histoire de son évolution. Barthélemy a lu la *Philosophie zoologique* de Lamarck et passe beaucoup de temps dans les collections d'invertébrés du Muséum de Paris.

De nouvelles connexions entre la médecine et la paléontologie font du corps humain un témoin de ce passé lointain, en ce qu'il garde encore en lui les traces de vieilles métamorphoses, ensevelies comme des fossiles dans ses organes, et qui racontent aussi la terre, les débuts de la vie.

À se rapprocher ainsi des choses, on en tombe parfois amoureux. Et l'esprit multiplie les enquêtes, infuse dans toutes sortes de questions pour le seul prétexte de rester au contact de ce qui tellement le fascine.

Quand il découvre que le cristallin remonte aux origines du monde, comme la rétine, comme tout ce qui dans l'œil s'apparente à une membrane, car tout a commencé par la peau, Barthélemy Racine échafaude une mythologie intrépide, grande épopée du regard, qu'il descend chaque matin raconter comme un feuilleton aux jeunes lingères du premier…

Assis entre les piles de chemises et les fers à repasser, il les entraîne dans cet océan sans limites que fut la terre des premiers temps : bain de promesses où l'ancêtre du cristallin ballotte, minuscule et informe, aimanté par le soleil qui le nourrit, lui donne vie.

S'émeuvent-elles comme lui, quand il leur explique que le toucher fut sans doute le premier de tous les sens, que le regard fut d'abord cette aptitude à recevoir éperdument la lumière, sentir sa tiédeur, s'en abreuver sûrement. Que voir fut d'abord être touché ?

Parviennent-elles à suivre les tribulations de cette petite peau qui, sachant maintenant séparer le jour de la nuit, apprend à distinguer les premiers mouvements ?

Enfin dans la blanchisserie les eaux baissent. Les premières montagnes apparaissent. Nos petites membranes, qui n'attendaient que cela, commencent à s'inventer des formes, développer d'autres sens, fourbir l'écaille, la griffe et la plume, à mesure que le monde se diversifie.

« Car tout marche ensemble, au même pas : comme chaque région a ses coiffes, ses costumes, chaque parcelle de campagne, de désert, de marécages ou de forêts s'habille d'arbres et de bêtes à sa mesure. Comme autant de façons d'y respirer. Comme autant de parures. »

Elles s'esclaffent, les jeunes filles, quand il étale devant elles ces gravures : œil à facettes de la mouche, protubérances du caméléon, tentacule rétractile de l'escargot, dilatation vitreuse de l'œil du poisson, elles ne veulent pas croire que tous ces yeux descendent d'un simple petit bout de peau flottant sur une mer endormie. Il a beau insister, elles protestent, lui jettent du linge à la figure, le poussent dans un panier, faisant la ronde autour.

Non, elles ne le croient pas.

La fréquentation assidue des lingères du premier a réveillé chez le jeune chercheur une nouvelle question : « D'où vient l'expression du regard ? »

Il songe aux yeux de Marion, où il lit si souvent une ironie moqueuse. Mais il songe aussi à cette moisson de prunelles interloquées, épuisées, amoureuses ou absentes, qu'il collecte chaque matin chez ceux qu'il croise dans Paris.

Ces yeux lui délivrent tant de messages, d'émotions… Mais comment ? Quelle partie de l'œil permet un tel prodige ?

Car si l'iris est la porte de la lumière, tout est transparent après lui. Pour sombre qu'elle puisse sembler, la prunelle n'est que le reflet du fond de l'œil.

Comment cette loupe flasque peut-elle susciter dans les yeux de si profondes, de si touchantes expressions ?

Cette question, sur laquelle la science ne s'est jamais penchée, habite Barthélemy Racine pendant des semaines jusqu'à ce qu'il découvre que tout vient du cristallin, une fois encore ! C'est la vitalité de la petite capsule qui rend les regards expressifs, impulsant à la transparence « l'imperceptible dynamisme qui traduit l'homme et tiédit son regard en même temps ».

L'idée enthousiasme tant le jeune médecin qu'il court s'en ouvrir à son maître. Enfiévré, éloquent, il lui explique que « l'accommodation » est bien davantage que le réglage de la netteté. « En traduisant le monde à l'homme, le cristallin ouvre cette petite fenêtre où l'âme peut venir se montrer… »

« Garde-toi de ces pâmoisons, lui rétorque son maître. Un bon ophtalmologiste doit garder les yeux froids. »

4

Estimant que le temps est venu pour Barthélemy Racine de commencer à pratiquer la chirurgie des yeux, le docteur Laube l'invite chez lui le dimanche pour chasser les insectes. « L'entomologie est une école de minutie, elle éduquera tes mains. »

Armés d'un filet troubleau, ils parcourent les champs de berces, autour de la maison du vieux chirurgien.

Ils traquent tout spécialement les Chrysidés qu'on appelle aussi « guêpes dorées » ou « mouches de feu » pour ces poussières d'or qui parsèment leur thorax irisé d'émeraude, leur abdomen rubis, ou parfois rose fuchsia. L'Alsacien s'en est fait une marotte, ayant commencé une collection depuis plus de vingt ans.

Ne dépassant pas le centimètre, ces hyménoptères extrêmement agiles s'enroulent sur eux-mêmes comme des perles au moindre danger. On les trouve aussi près des murets où leurs scintillements les dénoncent de loin.

Après un tri minutieux, ayant libéré abeilles, frelons

et papillons, il faut déplacer adroitement la chryside vers un coin du filet pour l'attraper plus facilement.

Inéluctablement, la splendeur finit piquée sous une vitre avec une étiquette…

C'est tout un art de saisir le bijou frétillant entre deux doigts sans lui froisser les ailes, ou de l'introduire dans le goulot d'un flacon rempli d'éther, bouché ensuite à l'émeri.

Même mortes, les guêpes s'avèrent tellement délicates à percer que Ralph Laube a dû se résoudre à coller les plus menues d'entre elles sur des paillettes de mica.

Barthélemy Racine comprend très vite qu'il n'apprendra pas à opérer les yeux en piquant des mouches rutilantes sur des feuilles de carton.

Il n'aime pas les tuer.

— Pourquoi ne pas se contenter de les observer un moment à la loupe pour les relâcher ensuite ? demande un jour l'étudiant.

La question froisse le professeur qui ne lâche plus un mot de la journée, ne sortant de son mutisme que pour lui demander de se tenir prêt le lendemain à sept heures pour sa première opération…

Il s'appelle Émile Bonjeon, travaille comme ramoneur dans le quartier de la Bastille.

Rongé d'escarbilles et de poussières grasses, un de ses yeux a développé un acrochordon, une tumeur volumineuse fixée sous sa paupière.

La table d'opération est disposée devant la fenêtre sous un plafond de serre dont le verre dépoli assure une lumière douce tout en atténuant les ombres.

Au-dessus du patient brûle une lampe à gaz, tandis qu'on a disposé autour les lampes à pétrole.

L'homme est trapu, tellement fébrile que le professeur a demandé qu'il soit sanglé jusqu'aux épaules.

Deux infirmiers lui maintiennent la tête.

Au-dessus de son visage, on déplie le bras télescopique de la loupe.

Un chirurgien est là en visite avec une dizaine d'étudiants.

S'il est la plupart du temps hésitant et timide, Barthélemy Racine fait preuve d'une assurance, d'une justesse dans l'incision et la suture qui montrent des prédispositions.

L'opération chirurgicale est l'art d'interpréter une partition de gestes. Et ceux de Barthélemy Racine sont indubitablement portés par la grâce.

Même si un regard averti eût décelé dans la posture quelques légers défauts, on sent déjà le style à venir, avec cette efficacité élégante, ce mélange de détermination et d'humilité qui fait les chirurgiens d'exception.

Le jeune homme est surtout particulièrement habile à la suture, parvenant à nouer les fils avec la pince et l'aiguille, sans utiliser ses doigts.

Les deux berges de la plaie sont aboutées l'une à l'autre

avec tant de justesse que l'on devine à peine l'emplacement de la tumeur.

Ne voulant croire que l'opération est déjà terminée, le ramoneur, encore étourdi par l'éther, prétend ne rien avoir senti du tout.

Pour Barthélemy aussi il s'est passé quelque chose.

Bien qu'il n'ait aucune conscience de ce qu'il vient d'accomplir, il s'est senti traversé par une réminiscence, le souvenir d'un contact qui a guidé, éclairé ses mouvements pendant l'opération : la douceur des doigts de Marta.

Si les mains de Ralph Laube ont été éduquées par les insectes, les siennes, il le comprend ce jour-là, ont été instruites par les caresses qu'il a reçues de la vieille aveugle, lorsqu'il était enfant.

Comment ses mains ont-elles ainsi mémorisé toutes ces expressions de tendresse, dont chacune, sans jamais convoquer le verbe, a su avec tant de subtilité lui parler au-dedans ?

Effleurant par degrés, avec des pauses, une cadence, un art de l'intervalle, du crescendo, il possède un registre de touchers, de palpations qui donnent à ses doigts une délicatesse attentive, presque consciente.

Un mois plus tard, Barthélemy Racine opère sa première cataracte, sous la supervision de Ralph Laube et devant une salle comble d'étudiants et de médecins.

La cataracte est une humeur blanchâtre, un genre de kyste qui vient troubler la limpidité du cristallin.

Congénitale, traumatique, liée parfois au diabète ou à la sénilité, elle est responsable de la plupart des cécités.

Pratiquée depuis des siècles avec plus ou moins de succès, l'opération de la cataracte consiste à extraire de l'œil, entièrement ou partiellement, le cristallin opacifié.

Un acte délicat, car la capsule difficile à détacher se déchire parfois, sans compter les dommages causés au globe oculaire, cet équilibre délicat de membranes et de liquides qu'un rien peut rompre ou froisser.

Il opère cette fois une jeune fille, Rosa Zerbine.

Une cataracte congénitale l'a rendue aveugle dès la naissance. Âgée de vingt ans, elle travaille avec sa mère, une couturière des barrières qui élève seule ses six enfants.

La jeune fille s'est couchée si tranquillement sous la verrière que l'on hésite à appeler un infirmier pour lui maintenir la tête. Le travail se fait d'abord sur l'œil droit.

Suivant l'exemple de Ralph Laube, Barthélemy entaille délicatement le limbe, au bord de la cornée. Par le lambeau ainsi ouvert, il introduit un petit crochet tranchant dont il se sert pour inciser de bas en haut afin de dégager le cristallin.

Puis il s'applique par pressions à le faire sortir progressivement de l'œil, sans rompre la capsule.

Une fois le cristallin retiré, il referme la plaie à l'aide d'une aiguille courbe, tenue au bout d'une pince.

Le geste est ample et précis. Le fil de soie vierge entre, sort de l'œil avec agilité, tandis que des nœuds minuscules joignent les berges de la plaie.

Il procède de même pour l'œil gauche. Puis, les yeux ainsi bandés, la malade est ramenée dans sa chambre.

Tout s'est extrêmement bien déroulé, ce qui est rare pour une première fois. Mais quand Ralph Laube veut féliciter son élève, on lui annonce qu'il est déjà reparti.

Barthélemy Racine est ressorti de la salle d'opération avec un sentiment confus, d'autant plus difficile à exprimer qu'il provient de ses mains.

Ses doigts ont dû presser trop fort. Ils en gardent comme un dégoût.

Si les cristallins sont sortis, ils se sont rendus à contrecœur, harcelés par des gestes trop insistants.

Même s'il n'y a aucun dommage apparent, l'œil de sa patiente a été forcé, il en est certain.

L'idée même le révulse. Mais tel est le protocole. La méthode, pour avancée qu'elle soit, n'est pas encore au point. Il faut trouver le moyen de procéder autrement.

Huit jours plus tard, Barthélemy Racine vient enlever les pansements à Rosa Zerbine.

Assise au bord du lit, ses orteils touchant à peine le sol, elle semble attendre timidement qu'on lui ouvre une porte par laquelle le monde va peut-être entrer.

Barthélemy est en train de l'ausculter, vérifiant l'état des sutures, quand il a soudain l'impression que l'atmosphère se modifie dans la pièce.

Ce qu'il perçoit a un lien évident avec ce qui est en train de se passer dans les yeux de Rosa Zerbine, il en est sûr.

À peine les yeux de la jeune fille s'entrouvrent-ils, voilà que tout semble plus vivant autour d'eux : les rayons du soleil par le volet tiré, le châle de laine grise, les mèches qui tombent sur son visage. Et même ce tabouret. Il pourrait faire la liste de chaque objet, tant ils surgissent, ils se montrent. Tant il les voit, maintenant. Une joie les cerne, les rehausse, les fait presque parler.

La chose le trouble tant qu'une pince lui échappe, tombe à terre.

Il prend le temps de se baisser, de se relever. De rajuster ses lunettes. Puis, sortant la loupe de son étui, il remarque cette petite lésion, à peine visible sur la cornée.

— Si j'appuie là, est-ce que vous souffrez mademoiselle ?

— Un tout petit peu…

C'est dû à la pression des doigts, il en est sûr. Il se souvient comme ses mains se sentaient lourdes, après l'opération.

« Je dois inventer un moyen d'opérer sans brutalité. Ôter le cristallin opaque d'un geste fluide. Comme on tire un rideau. »

5

Un dimanche matin, Barthélemy Racine est en train de travailler sur sa thèse, dans son garni de la rue Soufflot, quand son regard se pose sur le bocal de sangsues qu'il tient en réserve pour ses patients.

Avec sa ventouse, une sangsue a ramassé un gravier, qu'elle soulève et porte en ondulant.

« Et si j'essayais d'aspirer le cristallin avec une petite ventouse ? » Il se met à dessiner la machine aussitôt.

Les soirées passées avec les aveugles à réparer les montres l'ont rendu ingénieux. Il parvient à mettre au point la mécanique de l'instrument.

Autorisé à travailler sur des cadavres, dans les salles de dissection de l'école de médecine, il réalise son premier essai avec une canule modifiée, faisant le vide avec la bouche.

Ayant incisé la cornée dans le limbe, il dispose l'embout en embuscade devant le lambeau écarté par où il aperçoit le cristallin, luisant comme une perle. Puis il aspire.

Collée aussitôt à l'embout, la petite capsule apparaît tout à coup dans la brèche d'où elle déborde et, se gonflant encore, jaillit de l'œil puis glisse sur la joue, comme une larme figée. Ça fonctionne ! Bien que rudimentaire, le dispositif lui a permis de réaliser une extraction totale des cristallins sans exercer la moindre pression sur la cornée !

Restent encore deux difficultés à résoudre : régler la force d'aspiration de la ventouse et parvenir à séparer délicatement, et sans le déchirer, le cristallin des « zonules », ces petites fibres élastiques qui le retiennent de haut en bas.

Il fabrique une boîte métallique pourvue d'un vacuomètre, qui lui permet d'expérimenter sur des yeux de cadavres différents formats de ventouses.

À force d'essais, il parvient à mesurer précisément l'intensité de vide – ou force d'aspiration – nécessaire pour fixer et tirer la capsule sans l'abîmer.

Pour faire céder les zonules, il a l'idée de procéder à une aspiration par secousses intermittentes, ce qui fonctionne parfaitement.

Après six mois d'essais, l'appareil est enfin prêt.

Peu encombrant, réglé sur pédalier, il donne en quelques mouvements l'intensité de vide nécessaire pour extraire les cristallins.

La machine est baptisée « Hirudine ».

Grâce à l'Hirudine, l'opération de la cataracte devient un acte simple. Les patients ne souffrent plus de lésions du vitré ou d'infections liées aux débris de capsule. Ils sortent de l'hôpital au huitième jour en ayant retrouvé la vue.

Mais ils ont perdu « l'accommodation » : ils ne peuvent plus ajuster naturellement leur regard au près ou au loin. Ce pourquoi ils devront porter désormais des lunettes, adaptées à leur nouvelle vision.

Aussitôt brevetée, l'Hirudine connaît un énorme succès. La notoriété de son inventeur est telle qu'il pourrait consacrer le reste de sa vie à présenter sa machine dans les facultés de médecine. Mais il décline toutes les invitations.

Pour Barthélemy Racine, l'extracteur à ventouse n'est pas une fin en soi. Il constitue une étape vers quelque chose de plus grand, dont il a pressenti l'existence auprès de Rosa Zerbine…

Depuis des mois, il n'a cessé de penser à l'atmosphère étrange qui régnait autour de la jeune fille quand il lui ôtait ses pansements. Il revoit ses pieds nus, ses doigts tendus vers ce qu'elle commençait à percevoir tout juste. Et cette densité soudain au moment où elle ouvrait les yeux ! Comme tout devenait vivant. Comme tout semblait s'animer autour d'elle ! Rien de semblable ne s'est jamais produit avec les vieillards ou les diabétiques.

Dans le premier cas, celui de la cataracte congénitale, il a aidé les yeux à s'ouvrir, libérant un regard intact.

Tandis que chez les autres patients, dont les yeux avaient déjà regardé, il ne se passait rien de notable.

Parfois, la nuit, Barthélemy s'éveille avec une émotion si forte qu'il peine à respirer. Il la cherche. Il comprend que depuis toujours il la cherche, Ida, sa mère, morte après qu'il est né.

C'est elle qu'il a vue d'abord, cette presque-morte. Ida est sa première vision. Pendant un court moment ses yeux à lui ont cogné la lumière, tandis qu'elle s'en allait.

Leurs regards se sont-ils croisés ? Qu'a-t-il fait de cette première image ?

Dans ses nuits d'insomnie, il fouille l'humus de sa mémoire avec une hargne désespérée.

On croit s'ouvrir seul un chemin, décider d'un métier et qu'une prédilection nous appartient en propre. Et nous voilà escorté de fantômes, comme si un seul instant de notre vie avait obscurément guidé nos choix pour nous ramener dans cette chambre, au premier jour. Au bord des yeux. Où tout a commencé.

Peu après, Barthélemy Racine opère un autre cas de cataracte congénitale sur un dénommé Norbert Printemps, âgé d'une trentaine d'années. L'extraction des cristallins se fait « sous Hirudine », comme on dit maintenant.

Huit jours plus tard, le jeune ophtalmologue vient retirer les pansements.

En entrant dans la chambre de Norbert Printemps,

Barthélemy reconnaît aussitôt l'atmosphère particulière qui régnait près de Rosa Zerbine. Ça lui rappelle ces lieux liminaires, les maternités, les mouroirs, ces salles du premier cri où l'air semble plus épais qu'ailleurs, où l'âme surgit ou bien s'en va en pleurant.

Il ôte les bandages, inspecte la plaie, assis près de son patient.

Le jeune homme ne dit pas un seul mot, qui respire à peine, les yeux écarquillés. À l'ouverture des paupières, la prunelle s'est rétrécie soudain. L'éblouissement qui la submerge semble remplir la chambre. Le jeune homme ferme les yeux et se met à trembler.

— Ça me brûle. Je ne peux pas regarder, monsieur Racine.

— C'est normal. Gardez les yeux fermés encore. Puis, quand vous vous sentirez prêt, vous écarterez lentement les paupières. Allez, prenez bien votre temps.

Le médecin pose une main sur son bras, une autre sur sa tête. Ainsi encouragé, le jeune homme entrouvre les yeux. À peine d'abord, plissant le nez. Cette fois il a moins mal. Son visage se détend.

« Comme j'aimerais voir ce qu'il voit », pense le médecin.

Lentement, le jeune homme tend ses bras. Le geste est grave, presque solennel, et quand il ramène une main devant ses yeux, toujours avec la même lenteur, un sourire fleurit : asymétrique, dégingandé, à la mesure de ce qu'il perçoit.

Barthélemy se recule. Tout lui intime de s'effacer, de laisser cet homme à ce qu'il vit. Ce qui se passe ici n'est plus du registre de la médecine, il le sent. Par quelle magie cette chambre d'hôpital est-elle devenue le lieu d'une expérience intérieure ?

Cette cataracte congénitale – qu'il voyait jusqu'alors comme une pathologie – lui apparaît comme l'occasion providentielle de percer le grand secret du regard : « Qu'est-ce que l'on voit en naissant ? » Car si nous avons tous oublié l'instant de déchirure, le grand éblouissement, à notre premier cri, à notre premier souffle, quelques-uns – bien malgré eux – ont conservé leur œil intact, emmitouflé d'opacité. Pour ceux-là, la première fois, l'initiation, aura lieu des années plus tard. Mais ils auront grandi et ils sauront parler.

Comment n'y avoir pas pensé avant ? Par quelle étrange négligence les avons-nous laissés ainsi se fondre dans la foule des voyants sans les interroger ?

Comme si tout s'ajustait soudain, trouvait sa cohérence, Barthélemy Racine parcourt avec un sentiment de gratitude les années écoulées. Ses recherches, l'invention de l'Hirudine : tout menait à cette expérience du regard naissant, qu'il brûle maintenant d'explorer.

Ce matin-là, dans cette chambre du dispensaire de la rue de l'Observance, le jeune médecin comprend qu'il a trouvé sa voie. Il sait ce qu'il va faire : explorer le « grand regard », recueillir le témoignage des patients opérés de la cataracte.

Qu'est-ce que leurs yeux perçoivent ? Comment leur apparaît le monde ? Comment se développe la vision ?

Le fait que cette question si essentielle eût été jusqu'alors si peu étudiée le trouble. Pourquoi est-ce possible maintenant ? Y aurait-il dans le témoignage, dans l'expérience de ces patients, quelque chose qui doive être entendu aujourd'hui dans le monde ?

Il y songe un moment, puis il hausse les épaules. « Contentons-nous déjà de commencer et d'apprendre… et après on verra. »

6

Est-ce le même homme qui revient chez lui ramasser quelques affaires pour partir à San Francisco ?

Un mois vient de s'écouler. Ralph Laube l'attend dans une voiture en bas de l'immeuble.

Grimpant l'escalier, Barthélemy passe devant des intérieurs défaits, des sommiers sans matelas, car il n'y a plus de portes aux étages. Ces portes, démontées il y a trois jours, emportées aux barricades, dans la frénésie des assauts.

Le jeune médecin est sorti de prison le matin même. Serait-il encore vivant si le professeur ne l'avait cherché partout, s'il n'avait fait jouer ses relations pour le faire libérer ?

Ramassant ses habits, il évite le miroir, pour ne plus voir ses yeux.

C'est qu'il les a jetés comme ça, de l'étude à la rue, après avoir entendu ces cris, à l'extérieur, ces paniques, ces coups de feu.

Comment pouvait-il deviner ce que ses yeux allaient trouver dehors ? Ses prunelles, depuis si longtemps collées à la loupe, penchées sur les membranes, s'émerveillant d'un rien.

Pendant deux jours, il les cherche. La belle Marion. Les lingères du premier. Marcelin le liquoriste qui, les soirs d'été, sortait ses chaises dans la cour. Le menuisier de Périgueux, au troisième : lui ne parlait qu'en patois.

Il les cherche dans chaque barricade, sur les brancards, dans les charniers.

Est-ce qu'il reverra le sourire de Marceline, la vieille de l'atelier d'ombrelles ? Le petit Marius qui lui montait les beignets ?

Ce n'est pas tant d'avoir couru sous le feu. C'est après. Pour ce qui s'est passé ensuite, qu'il évite le miroir…

Il avait soigné comme ça, depuis deux jours, au fil des rues, où on l'appelait. Pas dormi, pas mangé. Agenouillé devant chaque corps. Appliqué à recoudre, à fermer des paupières, à poser des pansements.

Et il rentrait chez lui, derrière le Panthéon, quand il avait aperçu comme un curieux désordre, devant la barricade, parmi les chaises, les charrettes, les matelas.

Ce qui l'avait tant surpris, c'est qu'il n'avait pas reconnu les corps fusillés d'abord : ces femmes, ces hommes, percés de baïonnettes et que l'on avait laissés là, depuis deux jours au moins.

Leurs bras crispés, leurs pieds tordus, leurs faces blêmes

disparaissaient dans ce chaos de vieux rideaux, parmi les paniers, les casseroles, les chapeaux de lampes, les accoudoirs et les coussins d'un divan démembré.

Même près, l'ambiguïté flottait encore, au point qu'il n'arrivait pas à partir.

Et restant ainsi figé dans ce trouble, il avait eu soudain l'impression de percevoir, avec une clarté sidérante, à travers les morts étendus devant lui, le regard de ceux qui les avaient tués.

Dans ces yeux-là, ils étaient si peu des hommes que l'on aurait dit que les fusillés s'étaient appliqués en mourant à laisser tout ce qu'ils étaient pour ressembler à ces choses anodines dispersées autour d'eux. Des choses.

Et lui qui ne connaissait du monde que le trajet de la lumière à travers des membranes translucides contemplait ce matin-là une laideur absolue.

Quand on l'avait arrêté, il avait emporté avec lui cette vision, comme une énigme. Elle ne le lâchait pas.

Il se disait : « La laideur c'est quand il n'y a plus de ponts. Le grand mélange. L'incongruité de ces fleurs de tilleul flétrissant dans la vinasse, où le bras raidi du cadavre fait comme le pied d'un banc. »

Il répétait : « Je ne comprends pas », espérant que quelque chose allait surgir qui rétablirait une cohérence, le sortirait de cette sidération, le remettrait en mouvement. Mais rien ne lui venait.

Il avait beau entendre les autres prisonniers parler chacun leur tour pour tenter d'abouter ensemble les morceaux de leur nuit, il ne parvenait pas décidément à comprendre que ces yeux qu'il soignait et connaissait mieux que personne, cet ordonnancement sublime de membranes, de liquides, de clartés, pussent ainsi regarder les hommes, les renverser comme des objets.

La veille de sa libération, il vit apparaître dans l'obscurité de sa cellule les doigts longs de Rosa Zerbine.

Flottant devant lui comme une vapeur, ils dépliaient leurs phalanges pour tenter de frôler ces taches de couleurs que la jeune fille voyait pour la première fois.

Songeant alors aux « regards neufs », il se sentit un peu vivant.

Les bagages sont prêts. Barthélemy sort de sa chambre. Le silence de l'immeuble le fige sur le palier.

Où sont les pleurs d'enfants, les coups de marteau, le tintement des casseroles, le chant des femmes dans l'atelier d'ombrelles ?

En bas, il rejoint Ralph Laube. La voiture les emmène jusqu'au Havre où il pourra embarquer.

Le vieux professeur ne s'est pas contenté de le sortir de prison, il tient à l'accompagner jusqu'au bateau.

Dans ses bagages, Barthélemy emporte l'Hirudine. La question du premier regard a survécu au massacre. Il se dit qu'il trouvera sûrement, là-bas, des hommes à opérer. La cataracte est de partout.

Pendant toutes les semaines que durera son voyage, dans la cabine étroite de ce vapeur poussif qui craque sous la houle, il posera les fondements d'une vie nouvelle, persuadé d'arriver bientôt dans un monde neuf, où l'expérience des regards naissants sera comprise et accueillie à la mesure de ce qu'elle est.

Dans ses promenades d'entrepont, dans le fumoir, il glanera d'autres rêves, auprès de jeunes proscrits comme lui, aristocrates déchus et chercheurs d'or…

Combien de projets audacieux, de folles résolutions, combien d'utopies ont flotté un moment sur l'écume entre les deux continents ?

Lui qui s'était juré de ne jamais revenir en France, comment aurait-il pu deviner qu'il rentrerait un jour pourtant avec pour tout trésor la présence incommensurable de la femme silencieuse et étrange qui partage sa vie ?

Il sait maintenant, Barthélemy Racine, après toutes ces années, que l'homme n'est riche au fond que de rencontres…

Elle est indienne, s'appelle Kitsidano : « Celle qui marche comme une montagne ».

Elle vit avec lui à Paris.

7

Chaque matin, une plage de l'océan Pacifique traverse le monde pour retrouver Kitsidano dans sa chambre à Paris. Les lieux où l'on a vécu ont parfois la nostalgie de ceux qu'ils ont porté, qu'ils ont regardé vivre. Comme des personnes, ils sont remplis de mots, de rires d'enfants, d'empreintes de bêtes, de sépultures. Comme des personnes, ils ont des gratitudes : pour ceux qui les regardent et qui les voient. Ceux qui savent leur parler à la racine des arbres, dans le ventre des grottes. Ceux qui suivent avec eux la ronde des flétrissements, des éclosions.

Ce bout de rivage planté devant le Pacifique au nord de San Francisco s'appelait Mantoa.

Chaque matin, donc, la plage de Mantoa se souvient de Kitsidano.

Comment cette côte brumeuse, grignotée de part et d'autre par la mer et les étangs, parvient-elle à porter jusqu'ici son souffle intact ? Par quel miracle sait-elle trouver dans cette ville si peuplée et parmi toutes ces façades la fenêtre de la chambre où Kitsidano est couchée ?

À peine le battant s'entrouvre, libérant un courant d'air chargé d'écume, de clapotis discrets, que Kitsidano reconnaît Mantoa, le lieu qui l'a reçue avec des mains tendres et glacées, à son tout premier souffle, quand sa mère accroupie dans les vagues, les mains crispées sur son bâton, l'avait lâchée parmi les algues, le petit peuple des poissons. Avant de l'attraper pour la serrer contre elle. Son premier ciel. Son premier vent.

Elle entre dans la chambre avec une haleine de fin de nuit, chargée de fourrures de phoques, de ventres de baleines, de becs de pélicans, la plage de Mantoa. Dans cette odeur iodée, il y a aussi le vent jaune, avec ses mocassins de brume, messager de la pluie. Puis derrière le vent encore, le bruissement des roseaux qui court partout sur cet isthme entre l'écume et les marais.

Toutes ces paroles minuscules viennent raconter à l'Indienne comment là-bas le jour continue de naître, chaque matin, sous le bec des canards fouillant la vase, au balancement des aigrettes, aux arbres échoués sur la grève, avec pour tout feuillage des lambeaux d'algues figées.

Il y a tellement de vie dans ce petit vent de mer immiscé dans sa chambre que Kitsidano se laisse chaque fois abuser, qui s'étire dans son lit comme elle faisait jadis dans la maison d'été : cette cabane, posée comme un panier derrière la plage, près des arbres à coton.

Tissées de branches et de feuilles, les parois de la

cahute étaient infimes, qui laissaient respirer les hommes avec le monde, mais par où le puma n'entrait pas. Avec ceux de son peuple, elle se levait dans ces limbes pour honorer le jour naissant.

À se dresser ainsi sous les dernières étoiles, ayant grimpé la dune, elle entrait chaque matin dans la danse des mouvements. La mer reculant vague après vague devant une grève luisante, bruissant de ruissellements et de surprises, de coquilles entrouvertes et de pinces dressées.

C'étaient les pieds qui guidaient ses mouvements, le corps marchant derrière. Eux qui savaient trouver la pierre, lui éviter la branche. Aveugle de naissance, Kitsidano avait appris à regarder par le bout des orteils, par le grain de sa peau, et par ses mains qui palpaient chaque chose avec une grande attention.

Elle descend de la dune, Kitsidano, l'enfant de Mantoa. Devant elle la mer respire. Premier toucher d'un soleil roulé dans les embruns. Sous la croûte glacée du rivage, un sable tiède coule entre ses orteils. Passage d'un héron.

On ne vient pas pour saluer, on vient pour se dissoudre. Revenir au temps du premier souffle, quand les bêtes, les hommes, les arbres, les montagnes, les étoiles partageaient un même cœur et dormaient dans la même maison.

Un instant on se souvient encore, avec ses cornes, ses

cheveux, son feuillage, avant d'entrer dans la bourrasque, le galop, ou l'élan.

Tout commence par ce silence. Puis le corps aime à danser.

Chaque matin dans son lit, à respirer ce souffle iodé, Kitsidano replonge dans ce passé lointain, quand son pied frappait le sable comme la peau d'un tambour. Appelant, invoquant.

Là-bas invoquer c'était porter la prière aux quatre directions vers l'esprit d'une bête, qui offrait parfois le surcroît d'une parole, d'une vision.

Ensuite, elle allait se baigner.

Souvent le rêve dédouble l'homme, qui le fait respirer à deux endroits en même temps. Ainsi Kitsidano entre dans la mer, les yeux mi-clos, la tête posée sur l'oreiller. Et tandis qu'elle se voit immergée jusqu'aux épaules, quelque chose en elle déjà se crispe, qui connaît la fin du songe. Comme chaque fois, les images de son enfance s'effacent, grignotées par le temps. La plage où elle avait vécu disparaît, pour laisser place à ce qu'elle est devenue maintenant.

Dans la chambre, le carreau vibre au passage d'un tramway. En bas le pavé tinte sous les roues, les galoches. Un vendeur crie son métier.

Kitsidano est assise dans son lit. Balançant la tête, elle chantonne tandis que la rêverie suit le cours du temps écoulé…

À l'emplacement du sentier qu'elle empruntait chaque matin : ce chemin caillouteux, construit par les Blancs pour les charrettes.

Sur les souches vermoulues des arbres à coton : des odeurs de lard frit, des relents de pétrole s'échappent de ces baraques bruyantes où l'on vend le sucre et l'alcool.

Où sont ces huttes rondes et légères comme des paniers retournés, avec la voix de petit frère, les contes de Coyote et de Faucon ? Ne restent que quelques pots cassés, des tissus calcinés.

Des pierres noires autour d'un feu éteint.

8

Barthélemy est levé. Le vieux mari à la voix chaude, aux doigts légers. Odeur du feu dans la cuisine.

Kitsidano s'assoit, envoie ses mains chercher le peigne, commence à tresser ses cheveux. Tiédeur du parquet sous ses pieds nus tandis qu'elle glisse comme un rayon de soleil entre les meubles.

Contrairement aux bêtes et aux hommes, les feux où qu'ils soient plantés parlent partout la même langue.

Ici, à Paris, dans cette cuisine, le crépitement du foyer a les mêmes mots qu'à Mantoa.

Elle s'accroupit, ouvre la porte, trempe les doigts dans les flammes, caressées comme un pelage, puis les mains sur ses genoux.

Il est assis devant elle, Barthélemy Racine. Il la regarde.

Est-ce qu'elle sent ce mélange d'étonnement et de gratitude qu'il éprouve, chaque fois qu'elle apparaît ?

Derrière elle, deux nattes brunes sinuent jusqu'aux orteils, les jupes brodées et les franges de ce châle en peau de lapin qu'elle porte depuis le premier jour, quand il l'avait aperçue, près du ruisseau, qui sautillait entre les pierres, accompagnée de ses trois chiens…

C'était vingt ans plus tôt, en Californie, à la sortie de Santa Rosalia, après la scierie des frères Swangson : des baraquements crasseux au pied d'une colline éventrée par où un ruisseau détourné coulait entre deux planches.

Et voilà que la surgie de cette jeune fille avait donné comme un aplomb à cette vallée défigurée par l'homme.

Était-ce la démarche pendulaire, cette façon singulière de poser le pied par le bout de l'orteil, comme à demander une autorisation à chaque pas ? Tout semblait avoir retrouvé une cohérence autour d'elle, au point que l'endroit lui avait paru presque beau. Puis elle avait disparu après le bosquet de chênes.

Il l'avait guettée encore, mais elle n'était pas reparue.

Il la revit trois mois plus tard, reconnaissant la démarche oscillante, les trois chiens qui la serraient de près pour lui éviter l'obstacle.

Elle descendait ce jour-là une de ces failles humides et froides, où ceux de son peuple étaient cantonnés désormais. Cette fois il la suivit.

À la façon dont on s'écartait, à cette prévenance discrète dont elle était l'objet, il comprit qu'elle soignait.

Ceux de son clan étaient là, chétifs, estropiés, malades de privations, de travail et de coups.

C'était tout ce qu'il restait du clan des Pieds légers, surnommés aussi « les Danseurs ».

Habitant là depuis toujours, ils tressaient des paniers de plumes, des pirogues d'ajoncs silencieuses et agiles, qui écartaient les roseaux comme des mèches de cheveux.

La nuit tombait. On avait allumé un grand feu devant lequel elle s'accroupit.

Poussant les bûches avec un bâton, elle saisit quelques braises qu'elle écrasa entre ses mains, avant que d'appliquer ses paumes noires sur la poitrine de l'enfant.

Chantonnant, les paupières presque closes, elle répéta le geste jusqu'à ce que le petit corps fût maculé de cendres.

Il était manifeste qu'elle ne se brûlait pas, mais pour les Indiens la chose semblait moins étonnante que la présence de cet homme blanc, en cette heure, en ce lieu.

Les têtes se tournaient vers lui, inquiètes. Certains le montraient du doigt.

Ce pourquoi il finit par s'approcher, expliquant qu'il soignait lui aussi comme médecin chez les Blancs.

Est-ce qu'on le comprenait ? Un jeune homme entreprit de traduire. Certains hochaient la tête. Une vieille roula vers lui une pierre où il s'assit tandis qu'une mère approchait son enfant qui toussait.

Allait-il lui aussi mettre les mains dans le feu ? Non, lui soignait avec des potions… Demain il en apporterait.

Pendant la discussion, la jeune Indienne ne l'avait pas regardé, au point qu'il avait pensé que sa présence l'importunait sans doute. Alors qu'il se levait pour partir, elle s'avança vers lui. Le feu qu'elle avait tant touché coulait encore en elle. Des gouttes de sueur la couvraient de partout.

— Vous dites que vous allez revenir demain pour soigner les miens avec vos médecines ?

La lueur grise de ses prunelles ne laissait aucun doute. « Cataracte congénitale. » La coïncidence le surprit.

Dans toute autre situation, il se serait présenté comme ophtalmologue, aurait vanté les mérites d'une opération qui permettait de retrouver la vue en quelques jours.

Au lieu de quoi, il fut pris d'un trouble si puissant qu'il se sentit chanceler.

Quelque chose dans l'attitude, dans la présence de cette femme ouvrait en lui un gouffre où toutes ses certitudes disparaissaient soudain.

Bafouillant une promesse, il disparut dans la nuit.

Bien qu'il pensât souvent à la jeune Indienne, Barthélemy Racine n'était jamais revenu pour soigner dans la combe. Il avait reporté sous toutes sortes de prétextes, puis il était parti opérer à l'hôpital français de San Francisco, où il était attendu tous les deux mois environ.

Il aimait ces longs voyages, ces aventures entre chaque ville. Ces traces de loups, de pumas, au bord du ruisseau. Sentir le regard des bêtes qui le scrutaient dans le noir.

Ce pays le ramenait à des proportions plus justes : ici, il redevenait un animal parmi d'autres. Et parfois une proie.

Il aimait cette acuité nouvelle, réveiller ce vieil instinct qui s'était tant atrophié lorsqu'il vivait à Paris.

San Francisco : il avait débarqué dans ce port, dix ans plus tôt.

Il se revoit, à la proue, ce matin-là, les jambes molles, emmitouflé dans son manteau, longeant la côte, perçant les brumes, après six mois de traversée. Et découvrant soudain la baie remplie d'une forêt de mâts où le bateau s'agglutinait avec de douloureux craquements.

Devant le nombre de coques vides, qui ballottaient sur cette eau lourde, voiles baissées, il avait eu l'impression d'un purgatoire, de débarquer dans une ville de fantômes.

Quel était ce pays où, à peine arrivés, les capitaines abandonnaient leurs navires, pour courir chercher l'or des montagnes ?

Pour atteindre le rivage, il avait dû escalader une multitude de bastingages, traverser appontements, gaillards, passerelles où toutes les variétés de l'humanité campaient sur la natte, dans le hamac, cuisant le thé dans des braseros d'argile, décrochant pour la cuisine le poisson séché, pendu comme un linge au-dessus du matelas.

Les marchandises suivaient le même parcours, qui s'amoncelaient au hasard sur les ponts à mesure que l'on s'approchait de la côte, obligeant à de nouveaux détours.

Empilement de tortues géantes, leurs pattes battant le vide au milieu des filets. Moutons retenus à l'enclos par des boîtes à chapeaux. Ou appuyés contre un lustre : des tas de pioches, de godillots, caisses de champagne et de cure-dents.

Deux heures plus tard, enfin, il avait débarqué sur une planche étroite, la malle sur le dos. Puis il avait fallu patauger dans la vase sur cent mètres encore, avant le quai de bois et les premières maisons.

Un drôle d'endroit que cette ville germée et arrosée par l'or. Où rien n'aurait été sinon.

Mais San Francisco ne cessait de prospérer. Barbus, crasseux : les mineurs descendaient du Sacramento, leurs sacoches remplies d'une poussière terne, des pépites dans les poches : riches comme tout.

Après des semaines de privations, à lever la pioche par tous les temps, pour s'affaler sur des grabats grouillant de vermine, une botte en guise d'oreiller, ils venaient chercher ici des plaisirs foudroyants.

Où était l'or ? Telle une vapeur, on le sentait qui chauffait les sangs, drainait la fièvre. À peine apparu, déjà changeant de mains, qui dressait en quelques jours au milieu du marais un théâtre de marbre rose, suspendait des lustres de cristal au plafond des gargotes, asseyait dans des chaises à porteurs des dandys en pantalons de soie.

Au fond, San Francisco n'était là que pour tendre le piège, déployer devant l'or qui descendait des montagnes ce filet où le banquet était servi, où les femmes attendaient, parfumées, dans des chambres à miroirs.

Comme à l'accoutumée, Barthélemy s'installa « Chez Émile » : une pension tenue par un Français près du port.

Le remblayage de la baie avait été si rapide que la fenêtre de sa chambre donnait sur un navire échoué entre deux maisons.

Par une habitude qu'il avait contractée auprès de ses patients, Barthélemy Racine portait ses yeux d'abord vers les coins sombres. L'ombre le lavait du bruit, des clameurs du clinquant.

Chaque matin, marchant vers l'hôpital, il traversait la ville en louvoyant comme un vieux chien, passant sous le linge à sécher, longeant les ordures, les bacs à lessive, le foin des écuries.

Dans cette lisière brune trempaient aussi les servantes, les réprouvés, ceux que l'or avait ruinés en une nuit.

C'était devenu surtout le refuge des Indiens. À l'écart des pianos mécaniques, ils égrainaient le maïs, dans leurs gourbis humides, parlant des pluies à venir et de leurs terres confisquées, où ils ne pouvaient plus semer maintenant.

Depuis qu'il avait débarqué en Amérique, partout où il allait Barthélemy Racine cherchait les Indiens. Discrets, fondus dans le paysage, ces hommes marchaient au rythme des saisons, qui dressaient leurs campements dans les forêts, parmi les ours et les pumas.

Il aimait tellement les surprendre qu'il avait développé, comme un instinct, l'art de les dénicher sur une lisière, ou parmi les hautes herbes où paissaient les bisons.

Chaque fois, il éprouvait la même émotion, quand il les voyait traverser la plaine, modelés de feuillages et de vents, ou filer la bête sans rompre la brindille, avec l'impression que la colline qu'ils venaient de franchir leur emboîtait le pas.

Quelques hommes en silhouette, une plume dans les cheveux, une poignée de jeunes filles s'éclaboussant à la rivière, ou leurs maisons de peaux et de branches dressées autour du feu, et il sentait son cœur content, Barthélemy Racine.

Chacune de leurs apparitions le ramenait à cette première fois, quand trois jours après son arrivée en Amérique il était monté sur la colline qui surplombait la baie de San Francisco pour étendre son linge à sécher dans les herbes et qu'il avait découvert ce campement indien en fond de vallée…

Cinq ou six cahutes d'ajoncs, des enfants nus assis dans la poussière et une femme qui chantait en tressant un panier, et voilà qu'il s'était senti clarifié tout à coup, à en oublier les longs mois de voyage, les odeurs lourdes, les promiscuités d'entreponts. À en oublier surtout ce crépuscule d'été à Paris, quand derrière le Panthéon il avait fouillé, cherchant les vies, la barricade silencieuse, incapable de s'enfuir quand les gardes nationaux étaient venus pour l'arrêter.

Tandis que ceux qu'il apercevait au fond du vallon, près du grand lac, semblaient de même nature que la brise indolente qui courbait à peine la cime des arbres, déhanchait les roseaux.

Tendu entre deux bâtons, un filet de pêche mouchetait le visage du bébé endormi dans sa hotte, comme une nymphe de papillon.

Tout parlait sur le même ton : les gestes de la mère, le sommeil du petit, la glissée des colverts dans la tourbière entre deux joncs.

Et d'y tremper de loin seulement, il se sentit rempli de gratitude pour ce peuple qu'il ne connaissait pas.

Il y a des émerveillements qui ouvrent parfois sur des fulgurances, des certitudes, venues d'on ne sait où.

À l'instant où il découvrait les Indiens, Barthélemy sentit la menace qui pesait sur eux.

L'humanité qui grouillait derrière lui dans la ville portait avec elle une avidité incompatible avec ces hommes simples.

Impatients, capricieux, les colons avaient traversé le monde pour amasser ce métal précieux qui devait changer leurs vies. Un rêve impérieux qui leur avait fait souvent abandonner femmes et enfants.

Tandis que les Indiens, qui portaient la terre en parure, nouée sur leurs épaules, piquée dans leurs cheveux, ne souhaitaient rien d'autre que ce qu'ils avaient déjà. Cela se voyait à l'œil nu.

Qu'allaient faire ces hommes qui ne songeaient qu'à s'enrichir de ce peuple discret, marchant à l'amble du vivant ?

Accroupi dans les hautes herbes, Barthélemy sentait monter une tristesse indicible, quand il entendit un sifflement.

Une vieille sortit d'une cahute. Ramassant prestement la hotte où était son bébé, la femme au panier entra dans sa maison. Les enfants disparurent comme des cailles, rampant sous un buisson. Torse nu, le corps peint, un homme marcha dans sa direction, qui tendait le bras, s'adressant à lui d'un ton sec dans une langue qu'il ne comprenait pas.

Dévalant la colline avec son linge sous le bras, Barthélemy déguerpit comme un enfant, le cœur battant, les oreilles rouges : honteux et plein de joie.

9

Barthélemy Racine a quitté San Francisco depuis trois jours, dormant sous les arbres. Il porte encore le grand silence, la cape ample des feuillages, quand il sent une odeur doucereuse à l'approche de Santa Rosalia.

« Serait-ce encore le typhus ? » Depuis trois ans, chaque automne l'épidémie descend des montagnes, décimant la moitié de la ville, jusqu'aux grands froids. La maladie vient des mines, où les prospecteurs s'obstinent à camper dans leur crasse.

Comment peut-on s'oublier à ce point, le crâne grouillant de poux, cracher ses dents comme des noyaux, laisser l'habit ronger la chair jusqu'à l'infection ? Plusieurs fois il est monté aux campements, déposer à l'épicerie des savons, des pansements, des caisses de légumes frais pour lutter contre le scorbut. Il n'a jamais trouvé là-haut que des fantômes, abrutis par l'alcool et l'épuisement et qui ne mangent que pour tenir la pioche.

Perché sur un toit, à l'entrée de la grande rue, un mormon récite la Bible. Un homme est couché sur la paille, devant une écurie.

Comme chaque soir, la ville est traversée de rires outranciers, de galops, de coups de feu. Mais on distingue des corps entassés à l'arrière des saloons, où le piano joue encore, inexorablement.

Derrière la fenêtre du tripot, deux hommes assis devant un jeu de cartes.

Qu'est-ce qui différencie la fièvre qui retient le joueur sur sa chaise de celle qui le jette soudain à terre, le souffle court et les yeux blancs ?

Le vent promène les pestilences, musiques mécaniques, croassement des corbeaux.

Barthélemy arrête son cheval. Il a envie de retrouver les grands chênes, la berge où il s'était endormi la veille, bercé par le clapotis de l'étang.

Puis il pense aux aveugles qui l'attendent à l'hospice. Il gagne la bâtisse d'adobe, là-haut, sous les grands pins.

La vieille Ester vient ouvrir. Ici aucun malade. Il la prie de retirer l'eau des chambres, puis, prenant avec lui quelques flacons de quinquina, regagne la ville au galop.

Dans un ancien saloon, entre deux armureries, un médecin, qu'on surnomme aussi « le Russe », a ouvert un dispensaire, une vingtaine de lits, pour soigner les maladies vénériennes, abcès, gangrènes et coups de feu.

Devant l'entrée, deux vieux empilent des corps dans une charrette.

Le Russe est parti depuis trois jours. Il n'y a plus ici que quelques femmes et des mourants.

Les malades lavés, le crâne rasé, sont répartis dans les chambres, couchés dans des draps propres. On distribue le quinquina.

C'est alors que Barthélemy aperçoit Kitsidano à l'entrée du dispensaire. Elle veut voir le docteur. Postée en travers de la porte, une religieuse lui demande de s'en aller.

— Laissez-la passer, je la connais !

Tendant les mains vers lui, l'Indienne effleure ses lunettes, sa barbe épaisse. Son visage est creusé par l'épuisement.

— Doctoro, ça fait deux jours que je vous cherche. Les miens sont malades dans la combe. Beaucoup sont morts déjà... Je ne sais pas soigner les maladies apportées par les Blancs.

— Attendez-moi ici, le temps que je finisse de m'occuper des malades. Puis je viendrai avec vous.

Au matin, comme les plaintes s'espacent, il ramasse sa sacoche. « On y va ! »

À peine assis sur la selle, elle est déjà derrière lui, il ne sait trop comment. Ils partent au petit trot.

Le jour se lève. À la sortie de Santa Rosalia, ils dépassent un convoi de charrettes chargées de cadavres.

Enfin ils arrivent dans la combe. Le campement est silencieux. Kitsidano siffle. Personne ne lui répond. Ils s'apprêtent à repartir quand un jeune Indien surgit, en boitant.

C'est son jeune frère, Mihigan. Le souffle court, il

parle dans sa langue, les yeux fixés vers le sol. Kitsidano traduit.

— Les Blancs sont venus, il y a deux jours, pour mettre tout le monde dans des charrettes. Ils disaient que la maladie venait de nous, qu'on n'avait rien à faire près de la ville. Ils voulaient nous ramener à Mantoa. Moi, je n'ai pas voulu monter. Quand j'ai couru vers les arbres, ils m'ont tiré dessus.

Barthélemy repart avec l'Indienne. D'un trot plus vif, ils traversent la colline, la forêt de vieux chênes, les prairies d'angéliques et de menthes.

Le jour est levé. Au loin, à l'horizon, la ligne bleue de l'Océan, sortant des brumes.

Ils sautent de cheval, remontent la dune. Devant eux, sur la plage déserte, des foyers à demi éteints, d'où s'échappe une fumée âcre. Le silence n'a jamais été aussi épais, qui hausse la voix du courlis dans les herbes.

Plus loin, rasant l'écume, le vol des pélicans.

Kitsidano trébuche, les bras tendus, les mains devant. La gorge nouée, elle tente de pauvres paroles, les appelant certainement.

Mais il n'y a que ces bois brûlés, ces feux à demi consumés, où l'on distingue encore quelques tissus.

Que s'est-il passé sur ces dunes au-delà des arbres à coton ?

Là-bas, le corps d'un enfant à demi enfoui dans le sable. Plus loin, des colliers brisés, un mocassin.

— Est-ce que vous voyez quelque chose ?

Le ton est implorant. Il sent bien qu'à cet instant elle lui voudrait des yeux capables de faire surgir sa vieille mère et les autres, assis en cercle, un peu plus loin.

Un vautour s'envole. Un fauve rugit dans les roseaux.

— Il n'y a plus rien, Kitsidano… Il n'y a plus rien du tout.

10

Ils ont laissé Mantoa, la fumée âcre, les os noircis, repartant d'un trot rapide vers Santa Rosalia, quand Kitsidano se laisse tomber à terre. Il s'arrête aussitôt.

Le front couvert de sable, la jeune femme se redresse, cherche le vent. Puis s'oriente vers la forêt.

Kulu qhale, chênes sauvages qui portez la terre,
regardez-nous qui passons.
Plus légers que vos feuilles,
Regardez-nous qui passons,
Plus fragiles que vos glands,
Kulu qhale, chênes sauvages qui portez la terre,
Souvenez-vous de nous qui passons.

Il y a les épines noires, l'aubépine et la ronce, toutes sortes de dents fines et pointues qui mordent les joues de l'aveugle, tandis qu'elle avance encore.

Son cheval resté au bord du chemin, Barthélemy marche derrière elle.

Après un temps d'arrêt, Kitsidano passe la lisière.

C'est une forêt ombreuse et sonore, qui n'a jamais connu la hache et les profanations. La forêt du clan des chênes, qui existent ici à tous les âges, les plus jeunes prenant refuge à l'ombre de leurs aînés.

Les pieds de l'Indienne ont retrouvé le sentier qui mène à la clairière. Parmi les fougères et les mousses, l'écorce craquelée d'un chêne immense dégouline jusqu'à terre, comme une lave refroidie.

Kitsidano s'assoit au pied de l'arbre.

Comprenant qu'elle ne va plus bouger d'ici, Barthélemy repart soigner à Santa Rosalia.

Le lendemain, il la retrouve sous le vieux chêne. Elle est assise sur les talons, les mains posées sur les cuisses, les yeux fermés.

Est-elle venue pour mourir ? Elle respire si doucement.

Barthélemy sait qu'il n'a pas à être ici, qu'elle ne va pas toucher le pain et l'eau qu'il a portés pour elle. Mais il ne peut s'empêcher de poser le panier à l'entrée de la clairière. Osant à peine la regarder.

Chaque forêt a sa musique, selon le timbre des feuillages et cette âme du lieu, qui parle à tout instant. Celle-là bourdonne. Une vibration lourde et lente sinue sous les arbres, percée de lumières d'entre-feuilles, de cris de bêtes, de chants d'oiseaux.

Ce bourdonnement le lave des odeurs de chlore, des corps raidis, des gémissements.

À peine revenu au dispensaire, il pense à la forêt. À la jeune fille agenouillée sous le chêne.

Comment tient-elle sans boire ni manger ? Car il a découvert le lendemain encore le panier renversé. Le pain disparu et les traces d'un raton laveur.

Le même jour, il remarque ces pierres rondes posées en cercle avec ce tronc couvert de mousse et surmonté d'un bois de cerf.

« Comme leurs temples sont discrets », songe le médecin. Aussitôt, le visage supplicié du mont Shami lui revient en mémoire…

Un an plus tôt, il était parti sur le mont Shami, soigner un homme de Malakoff Diggins dont le bras avait été arraché par une lance à eau.

Depuis l'arrivée des prospecteurs, tant d'arbres avaient été abattus dans ces vallées hautes, séparées par des rideaux de cascades, qu'il se perdit, n'ayant pour seul repère qu'un grondement sourd, de l'autre côté d'un ravin.

Sous le chaos ruisselant, il ne reconnut pas la montagne : braqués jour et nuit sur les falaises, une dizaine de canons à eau surpuissants faisaient éclater la pierre, libérant des ruisseaux de boue grise qui s'écoulaient vers une vallée où les hommes s'agitaient, minuscules, innombrables, poussant des brouettes de gravats sur des planches étroites, maniant la pelle, fouillant la boue, lâchant des cris.

Certains suivaient le long des biefs l'écoulement des graviers, le nez au ras de l'eau, plongeant la main pour sortir un caillou qu'ils mordaient, frottaient contre l'habit.

À quand remontait sa dernière visite ? Barthélemy se souvenait encore de ces bosquets de genévriers millénaires et comment l'empreinte de l'ours à côté de la source avait affolé son cheval un moment.

Il ne pouvait s'empêcher de tourner la tête, cherchant pourtant les grands arbres, horrifié par ce qu'une poignée d'hommes était capable de détruire en quelques semaines. Et que cela fût si facile.

« Ici, songeait Barthélemy Racine, les montagnes sont telles qu'au premier jour. Il y a dans ce nouveau monde une force de vie brute et intacte, à la mesure de l'immensité des terres, de la puissance des fleuves. Quand je parcours ces vallées sans chemins, que j'emprunte la piste des bêtes pour remonter les cols, il y a tant de présence autour de moi, que je comprends que d'autres peuples puissent percevoir partout ici des âmes-frères, aussi bien chez les bêtes, les pierres et les ruisseaux que chez les hommes, mettre une égalité parfaite dans tout ce foisonnement.

» Comment alors cette nature si puissante peut-elle se trouver soudain si vulnérable devant cette poignée d'hommes qui s'agitent en-dessous ? »

Plus il regardait, plus la disproportion lui semblait aberrante, lorsqu'il songeait aux milliers d'années qu'il avait fallu à cette montagne pour grandir, cognée par les foudres, râpée par la glace, dresser ses falaises vers le ciel, accueillir sources et torrents…

Qu'est-ce qui la fragilisait à ce point ? Soudain il comprit. Il avait l'impression de se tenir devant cette montagne comme quelques années plus tôt devant la barricade. La laideur suintait de partout. Celui qui braquait le canon à eau sur les falaises ne regardait plus la montagne comme une entité vivante, mais comme un gisement de minerais dont il pouvait disposer à sa guise. Une chose.

« Mon Dieu, s'écria Barthélemy Racine, se pourrait-il que le regard que l'on porte sur le monde ait un pouvoir si grand ! »

Un Français s'approcha. « Eh oui, docteur, deux cent quarante millions de litres d'eau par jour ! C'est l'American River que tu vois sortir des tuyaux ! »

Le Français arborait un sourire édenté par le scorbut. L'homme au bras arraché étant mort la veille au soir, Barthélemy repartit.

Un corbeau traverse la clairière. Troisième matin. Toujours sous le vieux chêne, Kitsidano.

Couverte de poussière brune, des graines et des brindilles partout dans les cheveux, la jeune femme se fond maintenant dans la forêt. Seules quelques taches de lumière, filtrées par les feuillages, révèlent le front et une épaule. Par la peau, elle devine la passée du lièvre qui ne la soupçonne plus. Sa narine s'écarte à peine au suint des sangliers.

La nuit, comme les pierres, elle froidit. Au matin, la rosée qui la couvre la brûle comme un feu.

Le premier jour, le moindre souvenir lui déchirait le cœur. Puis peu à peu, le chagrin l'a poussée vers le rêve, cette autre face du monde, tout habillée de vent.

Les mains noires du corbeau
ouvrent la porte :
je suis passée de l'autre côté.

C'est ainsi que le troisième soir elle rencontre : Icha, la grand-mère araignée.

La lune est haute quand elle la voit qui s'avance avec ses huit jambes, son ventre rond qui frotte la mousse de la clairière.

Comme une Indienne, l'araignée tient serrée contre elle la gerbe pour tisser les paniers. Mais les tiges ne sont pas de saules ou d'ajoncs. Les brins souples et translucides de la gerbe sont des chants.

Pendant toute la nuit, Icha tourne autour de Kitsidano, tissant la toile. Chaque fil est noué au cœur de l'Indienne. Ensuite l'araignée part attacher l'autre bout du fil à l'arbre, sur la montagne, dans le courant du ruisseau, au sommet du brin d'herbe.

Au lever du jour, enfin, la toile se met à chanter.

C'est un chant poignant, qui raconte le territoire des Pieds légers, tel que Coyote l'avait rêvé, aux premiers temps du monde.

Un chant qui rend leurs voix aux collines, aux vallons. Il a l'accent rocailleux des torrents, le murmure des plaines d'angéliques coiffées d'abeilles. On n'entend pas seulement l'épaulement d'une montagne et le vent qui vient s'y cogner, mais tous les esprits de plumes, de fourrures ou d'écailles qui s'y clapissent depuis toujours.

De chaque fil s'échappe un son : rêve de lapin roulé dans les trèfles, litanie d'un aïeul, penché sur la flèche qu'il affûte. Comme des vents, ces fils bruissent de la mémoire des traces, de l'envol des oies, sentiers de chasse, haleine de l'ourse, endormie dans sa grotte, le ventre plein des petits qui naîtront au printemps.

Il n'y a pas de grand, pas d'infime, pourvu que cela bruisse de tous ces souffles, de toutes ces vies finement mêlées.

Depuis l'arrivée des colons, tant de silences jonchaient la terre des Pieds légers.

Tant de lieux étaient devenus mutiques. Ou perturbés de dissonances. Quand les plaines ne chantaient plus, parcourues de charrettes. Quand les arbres coupés pleuraient de ne plus prononcer les moindres mots du vent. Quand les côtes rougies par le sang suffoquaient de terreur au retour des baleiniers.

Tant de bouches minuscules au pied des touffes d'herbes que la vue d'un massacre avait soudain fermées.

Mais tout cela, ravaudé maintenant, finement tissé, chante à nouveau, noué au cœur de l'Indienne.

Où qu'elle se tourne : cet étoilement de musiques qui la relie jusqu'au moindre roseau.

Il y a aussi ces noms de lieux si précieux, transmis par les anciens pendant les chasses, les cueillettes.

Le nom d'un lieu c'est une histoire exaucée, car tout attend de se parler sur la terre, d'entrer en relation. Et l'Indien qui ne possède rien est pourtant riche de ces noms, dont chacun lui restitue l'image, la description de l'endroit où il a rencontré l'arbre ou la pierre. Où ils ont discuté un moment.

Le nom d'un lieu, c'est un bout de terre vivant emporté dans le cœur de l'homme…

En arrivant ce matin-là près du vieux chêne, Barthélemy découvre Kitsidano en train de chantonner. Il ne voit pas la vieille araignée qui murmure, penchée à l'oreille de la jeune fille.

— Cours à Mantoa ! dit Icha, la grand-mère, va chanter pour tes morts, Kitsidano ! Qu'ils partent de l'autre côté le cœur léger. Qu'ils sachent que les noms sont gardés.

Kitsidano se dresse. Droite et ferme sur ses jambes. Après tout ce temps restée immobile. Sans vaciller pourtant.

Comme la source,
j'ai trouvé
le chemin
qui contourne la pierre.

Comme la source,
je me suis remise
à marcher.

Soudain elle s'élance, plonge avec tant d'ardeur entre les arbres, que Barthélemy ne parvient pas à l'arrêter.

Souple, ondulante, elle glisse entre les troncs, mordant la terre du bout de l'orteil, frôlée par les branches, affûtée par tout ce qu'elle perce avec tant d'attention que son corps disparaît dans le fil mélodieux qui à la fois la traverse et l'oriente vers la mer.

Bras ballants, Barthélemy regarde l'aveugle disparaître dans la forêt.

Derrière elle, ce sillage d'exultation, de joie sauvage à courir ainsi sans les yeux, n'opposant rien, aucune poussée, pas la moindre peur, qu'un immense acquiescement à tout ce qui survient, comme à se jeter dans les bras du monde qui la palpe, la façonne au gré du chemin. Qui l'emporte.

Parfois un nom de lieu résonne en elle, qu'elle répète à voix haute, pour le bonheur d'un vallon, d'un vieux peuplier courbé sur le courant, de quelques rochers clairs d'où s'écoule une source.

Sait-on comme la terre guérit lorsqu'on la cueille, ainsi, dans sa surgie, quand au creuset du même instant l'homme n'est plus que ce qu'il perçoit ?

Kitsidano arrive à Mantoa. Les siens sont là, évanescents, groupés autour du feu éteint.

S'asseyant parmi eux, elle chante pour chacun, agitant son bracelet de coquillages.

L'un après l'autre, ils se lèvent, ils s'en vont. Celle qui contait si bien la création du monde, celle qui tissait les paniers mieux que personne, le pêcheur d'abalones et sa vieille mère aussi. Ils s'en vont.

Ramassant les chagrins, les peurs qui traînaient après eux sur les herbes. Ils s'éloignent. Ils sont partis maintenant.

Il n'y a plus de fantômes, plus d'ombres grises, ni de sanglots dans les buissons, quand Kitsidano se laisse tomber devant la mer.

Au ras de l'eau, une aigrette blanche fait quelques pas rapides où la vague se retire. Puis s'envole.

ACTE III

Dans la maison à danser

1

L'étude de l'apprentissage de la vision des aveugles de naissance opérés avec succès pourrait à elle seule constituer une science tant le témoignage des jeunes voyants apporte d'informations nouvelles et surprenantes qui tiennent à la fois de la psychologie, de la philosophie et de la médecine.

L'expérience des aveugles est tellement inconcevable pour les voyants que nous sommes que même les mots pour la décrire, forgés dans le monde du regard, sont extrêmement limités.

Pendant trente ans, je me suis appliqué à rassembler tous les rapports d'opérations d'aveugles de naissance (la plupart atteints de cataracte) que j'ai pu trouver, tant en Europe qu'en Amérique où j'ai résidé un moment. J'ai moi-même beaucoup opéré.

L'apprentissage des jeunes voyants offre une matière si étrange que l'analyse de ces données nécessite sans doute une sensibilité particulière dont les scientifiques que nous sommes sont parfois dépourvus.

Barthélemy Racine, *Le regard neuf*, p. 3

Paul lève le nez du livre, après y avoir piqué une expression qu'il épluche, comme un marron tiré des braises, la tête appuyée au carreau, tandis que la campagne défile au rythme saccadé du train.

Tout l'intéresse, tout le brûle. Il ne s'attendait pas à ce qu'un médecin parlât de cette « matière étrange » dans laquelle il croit être le seul à tremper.

Ce dont il est question ici l'obsède depuis toujours, au point que la plupart du temps il s'empêche d'y penser.

Naître à ce qu'il voit. L'ambition semble démesurée. Il en connaît la longue ascèse, les sacrifices. Et pour l'avoir frôlé parfois, le reste lui paraît insipide, fût-ce exposé dans les salons.

« Ne sais rien, oublie tout » : c'est ce qu'il se dit à peine assis sur un rocher dans la garrigue, qu'il se murmure sous son chapeau devant le chevalet, qu'il souffle à ses pinceaux, comme une exhortation.

Ne rien savoir de ce pin, là-devant, penché au-dessus du vide. Le recevoir tel qu'il surgit d'abord. Avec ses bouffées de couleurs mêlées à la résine. Ses branches lourdes agitées par ce vent de falaise. Avec en arrière-plan, la rumeur du ruisseau en fond de vallée.

Recevoir cela d'abord, mais ne pas s'y tenir. Ne s'accrocher à rien. Les yeux posés comme une nasse, une prière, où peu à peu images, mots se désagrègent, avec le souvenir attaché à l'endroit, avec le corps qui transpire, avec le poids des choses, sa pauvre vie, l'odeur de l'ail au bout des doigts.

Les yeux posés, comme une nasse, une prière, où peu à peu tout s'éclaircit. Se simplifie. Jusqu'à permettre – mais parfois, pas toujours, si peu de fois hélas, et pour tout dire : tellement rarement – permettre à ce qui n'est plus un pin, à ce qui n'est même plus du vide, à ce qui n'est plus un ruisseau qui coule pourtant, qui coule en bas, dans ce fond de vallée, leur laisser tellement d'espace, dans ce filet de la prière, tellement de latitude qu'ils puissent naître enfin, oser la première fois.

Où est la différence alors, entre ce qui regarde et ce qui est regardé ? Où sont les yeux ? Où est l'arbre – celui dont il ne sait plus le nom ? Et comment faire entrer tout cela, tout ce rien, dans un carré de toile peinte ? Comment ?

Mais le train ralentit. Il faut toujours revenir au monde. À cette voix qui crie : « Tarascon ! ». À cette mule arrêtée au milieu des rails. À ce compartiment du PLM Marseille-Paris. Cette femme devant lui coiffée d'un chapeau noir, avec son saint-frusquin de plumes et de fausses fleurs. Cet homme en train de découper, sur le dos d'un carnet de comptes, des rondelles de saucisson.

Si l'espace est pour le voyant une expérience, s'il en possède une conscience profondément enracinée, qu'en est-il pour l'aveugle atteint de cataracte ? Est-ce que ses sens supplétifs (le toucher, l'ouïe, l'odorat) lui permettent de développer une conscience spatiale ? Quelle est par exemple son expérience du « loin » ? Est-ce que sa première impression visuelle lui apparaît ou non en relief, après l'opération ?

Il est important d'ores et déjà d'insister sur le fait que l'aveugle tient son vocabulaire des voyants. Comme notre langue est très pauvre dans la sphère du toucher, l'aveugle doit se fier à des mots qui évoquent pour le voyant des impressions très différentes de ce qu'est son expérience. De même, les mots que le voyant emploie pour décrire l'espace sont perçus par l'aveugle selon une tout autre expérience. On est donc sur ces questions dans une grande approximation.

Barthélemy Racine, *Le regard neuf*, p. 13

Les yeux fermés, les mains sur ses genoux, Paul s'imagine assis à côté des aveugles, dans l'antichambre du regard.

Est-ce à tant frôler les murs qu'ils ont encore sur eux cette odeur de salpêtre, de poussière et de rouille ?

Parlant bas, le corps enseveli dans ces habits un peu larges, un peu ternes, qu'on a choisis pour eux, il les entend qui respirent, agitent leurs jambes, partagés entre ce qu'ils s'apprêtent à laisser – ce monde de guingois tout balisé de doigts, de langues et de souffles – et ce qui va s'ouvrir demain, dont ils ne savent rien.

Rien ne s'exprime pourtant sur ces physionomies de torpeur, ces visages impassibles, écoutant comme les oiseaux d'une oreille, puis de l'autre. Avec cette prunelle lunaire, un peu lactescente (comme la poussière graisseuse des ailes de la mite). Et « cette grande approximation ».

À ceux-là, perchés au bord du vide, frémissant avant l'envol, les paupières grandes écartées, à ceux-là il voudrait dire de ne pas s'inquiéter des mots.

Que peuvent-ils attraper, plongés qu'ils sont dans cet entre chien et loup ?

À quoi servirait qu'ils s'acharnent à décrire ce qui va se dissiper bientôt ?

Au fond, même à bien voir, que savons-nous du loin ?

La réalité fatigue, au bout d'un temps, cela même que le mot retient commence à s'ennuyer. Il faudrait des mots plus neufs, un peu de la même trempe, des mots de musculature et d'élans, arc-boutés sur la question. Des mots de nudité terrible, qui n'aspireraient qu'à témoigner de leur impuissance mais pourvu qu'on les laissât encore se tenir aux premières loges de ce qu'ils n'espèrent même plus nommer.

Il faudrait des mots comme ces sarments de vigne qui tiennent encore leur forme, couchés devant les flammes : une branche fine dans son costume de cendre grise, les vrilles comme des cheveux frisés. Ces sarments qui tombent soudain en poussière quand le feu se met à tousser.

Il faudrait la poésie.

À ceux-là, perchés au bord du vide, frémissant avant l'envol, à ceux-là il voudrait confier comment, quand la vision lui vient, il en oublie de voir pour infuser soudain dans le regard du monde où l'espace et le temps s'abouchent à pleine langue. Et comment les paupières de bêtes, de roches, de montagnes et de vents s'ouvrent tout à coup, prenant chacune leur couleur, des teintes souples, parfumées et sonores, des taches tellement vivantes que tout s'y montre, comme au reflet d'une goutte d'eau.

À ceux-là seulement, il voudrait confier encore que l'œil ne garde rien, qu'il est comme ce sarment de vigne tout travaillé de feu : qu'une pauvre cendre effilochée.

Mais voilà le contrôleur. Il faut toujours revenir au monde. « Mille pipes, où ai-je fourré mon ticket ? »

L'homme qui coupait le saucisson tout à l'heure raconte la femme nue, arrêtée le mois dernier dans l'express Marseille-Lyon. Les cheveux lâchés, elle courait dans les couloirs en criant. Il l'avait vue descendre entre deux militaires à l'arrêt de Valence, enveloppée dans un drap.

Paul l'imagine dans cette étrange chrysalide, avec cette longue chevelure brune, dressée devant ses yeux. Puis, comme les voix ont baissé, il replonge dans le livre.

Il est question d'Esther, une aveugle de Mulhouse :

> Pour qui les hommes, les arbres, les candélabres et les portemanteaux sur pied appartiennent à la même famille, dotés qu'ils sont d'un tronc, de branches…
>
> Barthélemy Racine, *Le regard neuf*, p. 67

Le médecin parle d'une « pensée bâtie en schémas à partir d'impressions tactiles ». Le peintre hoche la tête.

Les mots d'Esther l'enchantent. Il y sent le début d'une piste : dessiner l'homme comme un arbre, sans la moindre préférence, sans autre critère que la façon dont la lumière l'honore, le façonne et l'anime. Mettre dans le regard qui s'ouvre cette absolue égalité, où le motif compte moins que la vérité du surgissement, où chaque être, chaque chose apparaissant dans la toile dévoile un éclat de cette conscience qui coule sans bruit sous l'anodin.

Quelle différence entre le reflet du visage qu'il surprend au carreau et la pomme qu'il peignait l'autre jour, cette pomme qui se tenait assise bien droit, irradiant de présence le coin de nappe où il l'avait posée ?

Oui, les aveugles ont raison, tout se montre dans cette simplicité effarante, ce chant du paradoxe, où l'identité importe moins que ce qui s'entrouvre en dessous.

2

« L'œil ne garde rien, songe le peintre, mais il se fait dans l'être comme une marque, un jalon. Avec le temps, je reconnais plus vite. »

De la somme de ses extases, Paul s'est fait un reliquaire : une boîte remplie de cendres et de stupeurs mais où restent encore quelques fragrances de cette enfance, miraculeusement intacte, que rien n'a su atrophier.

Est-ce que le peintre n'est pas celui qui sait porter jusqu'au bout des années, et sans en perdre une seule goutte, le bol rempli de l'eau vivante des premières fois ?

Quand il disait « Nous trois et le chien ! » partant marcher dans les collines, avec Émile et Baptistin, tenant la file indienne. Le chien levant les grives. Quand, la ville laissée derrière, ils s'arrêtaient en même temps, suffoqués par ce grand silence de cigales, de loriots, d'un vent coulant comme un ruisseau au sommet des pinèdes. Silence qui leur haussait la nuque, faisait baisser leur voix.

Ils partaient s'inventer une sauvagerie, promenant le canif, le livre de poésie –, la pipe et le lance-pierre. Tribu errante, ils cherchaient au fil des sentiers les traces d'une généalogie obscure qu'ils exhumaient au pied des tumulus, des pierres levées et qui faisait d'eux les descendants d'un de ces peuples qui dressait des autels au sommet des montagnes et s'habillait de vent.

Ils partaient surtout oublier leurs familles, ces journées insignifiantes, harassantes de monotonie, où il fallait écouter, front baissé, ces vérités d'entre quatre murs, assénées comme des rangées de chiffres. Ou, dans l'autre maison, ce chagrin que les femmes déclinaient dans chaque souffle, depuis que le père avait disparu en trois jours, foudroyé par une pleurésie.

Ils s'étaient connus en pension. Paul et Émile.

Depuis des mois, ils s'observaient depuis le banc, la marche de l'escalier, ces pauvres retranchements où, tacitement dans les écoles, l'on consigne les exclus.

Et voilà que tout à coup Paul s'était levé pour marcher vers Émile, ce « franciot » myope et rougissant, contre lequel les enfants s'acharnaient, moquant son défaut de prononciation, sa pauvreté d'orphelin.

Qu'est-ce qui poussa ce taciturne à traverser soudain la cour avec l'intention manifeste d'aller rencontrer le proscrit ? Tant et si bien que les autres enfants voulurent l'en empêcher : habits tirés, prenant les coups, roulé à terre, mais se relevant pourtant, marchant toujours vers lui.

Jamais, pour nulle autre personne, il n'exprimera une prédilection si forte. Jamais à nul autre moment de sa vie.

Avait-il pressenti chez cet enfant la possibilité d'une ouverture ? L'avait-il reconnu, comme lui, porteur d'un rêve : devenir peintre pour l'un et pour l'autre écrivain ?

À peine avoué, le rêve leur sembla tellement fragile qu'ils le prirent avec eux pour l'augmenter dans les collines. Qui mieux que la nature pouvait accueillir une telle quête, offrant au moindre de leurs mots un espace de déploiement et d'écho qui les nourrissait ? Y a-t-il meilleur miroir pour les élans de l'âme que ces collines de genévriers, ces corniches de calcaire ensanglantées de pigments ?

C'est ainsi que l'un apprit à « marcher en peintre », l'autre sentant défiler sous ses pas le chemin comme une parole silencieuse, tandis que son cœur s'écartait pour ouvrir l'espace au livre qui n'était pas encore écrit, mais qui posait déjà sur les feuillages à l'entour un regard fécondé.

Et Baptistin qui leur tenait la traîne, les écoutant, d'accord sur tout.

Connurent-ils de joies plus grandes qu'au chapelet de ces premières fois ? Comme des gardons, n'ondulant que pour promener l'éclat et se donnant pour cela mille prétextes : une pêche, déclamer quelques vers, faire un feu, chercher une grotte pour s'allonger dans le foin et discuter jusqu'à l'aube.

L'été ils vivaient nus, couchés au bord de l'Arc, tellement absous de la réalité qu'il leur semblait avoir passé le rideau des mondes, habiter un temps suspendu, infusé de mythologies et de rêves, quand ils voyaient des formes vaporeuses danser sur l'eau. Ou surprenant une flûte qui sortait d'entre deux roches, dans le fond d'un ravin.

Parfois, au crépuscule, ils sentaient le sable tiède s'agiter sous leur ventre comme une nymphe endormie.

Les six ans de cette amitié absolue décideront de la vie du peintre. Alors qu'Émile, parti vivre à Paris, écrivant dans les journaux, fréquentant le monde, deviendra cet écrivain célèbre, Paul restera jusqu'à sa mort à l'endroit même où ils s'étaient quittés, parcourant chaque jour les chemins où ils allaient, devenant peu à peu dans le regard des autres ce peintre raté, rejeté des salons.

Il y a les flamboyants et les besogneux. Emportés dans la même quête, les premiers partent plus vite, puis ils s'essoufflent, encombrés de ce qu'ils sont, tandis que les autres trébuchent, hésitent, mais avec la légèreté des simples, qui vont gratter là seulement où ça les touche, avec l'obstination amoureuse d'une langue d'escargot suçant la pierre, et s'oubliant, pour livrer passage, s'oubliant.

Un besogneux donc, mais cela n'explique pas tout. Il reste quelque chose d'insondable dans ce pèlerinage obstiné, méthodique, qui poussait chaque matin le peintre sur les mêmes sentiers d'enfance, de Bibémus au

Tholonet, accroupi dans la grotte, couché au bord de la rivière, réveillant les fantômes, dans cette solitude absolue et avec toutes les apparences du fiasco ; quelque chose où l'on perçoit pourtant comme une loyauté, un engagement aveugle, qui tient de l'homme et du vieux chien.

Impuissants à comprendre ce que d'aucuns ont vu – Zola lui-même – comme la mécanique absurde d'un cerveau détraqué, il ne nous reste qu'à partir sur les traces du peintre, marcher derrière lui un moment. Prendre le sentier sous les pins après l'aqueduc, parmi les églantiers et les chênes verts. Passé la seconde courbe, ayant presque oublié la ville, s'arrêter un instant au seuil de ce grand silence, qui se déploie comme une mer par-delà champs et collines. Et grimpant toujours jusqu'à l'ancienne carrière, ressentir même aux endroits brouillés ou dérangés par l'homme, aux tas de pierres, aux coupes fraîches, la même patiente écoute que dans les lieux restés intacts, cet accueil absolu, sans condition.

Assis devant le vide, où il se tient, que voyons-nous ? La terre qui a porté sa joie, territoire de ces quêtes éperdues avec Baille et Zola.

Les amis en allés, ce réseau de sentiers devint le creuset de ses résolutions les plus intimes, éprouvées par le lieu même, au fil d'une pratique, d'une confrontation implacable qui l'instruisait comme toutes les sagesses : sans signes apparents.

Après bien des années, il comprit que l'escalier de garrigues, de collines et de gouffres que la montagne Sainte-Victoire déploie jusqu'à l'horizon était son temple.

Chaque matin, quand il part au motif, il en appelle à ces témoins, divinités minérales, ligneuses ou liquides, traversé par cette certitude que ce qu'il cherche est au-delà du temps des hommes, au-delà de ce qu'ils voient : cet inespéré qui chaque fois surgissant semble être là depuis toujours, cet éternel présent.

Dans cette prière de pas menus, il est la coulée de résine sur le tronc du vieux pin, le chemin de la fourmi dans la fissure du rocher, le tourbillon de paille blanche au bout du champ moissonné.

Il est surtout la Montagne, dressée devant lui à chaque instant : cette forme, ce vide, sculpté par les lumières du vent.

3

La nuit est déjà tombée quand une jeune fille se glisse dans le compartiment sans faire le moindre bruit. Il le sait malgré ses paupières closes. Pour ce mélange de musc, d'héliotrope et de vanille. Mais il le sait surtout par la façon dont l'air s'écarte autour d'elle, sans remous, comme une eau. Il entrouvre les yeux un instant. Oui, c'est bien cela : col de dentelle, la voilette près du visage, nouée dans son chignon… une jeune fille.

Cette présence l'attendrit, lui qui macérait dans une contrariété, le livre fermé sur les genoux…

Le regard neuf n'a pas tenu toutes ses promesses. Quel besoin avait son auteur de s'appesantir si longtemps sur l'état des aveugles avant l'opération ? Pourquoi surtout n'a-t-il pas annoncé dès le début du livre que les témoignages des opérés, rassemblés un peu partout en Europe et aux Amériques, seraient consignés dans un second tome ?

Il se réjouissait tellement de marcher derrière ces nouveaux voyants, les écouter parler. C'est aussi que ce docteur Racine a l'art d'appâter son lecteur avec des formules… « La sensation pure… »

> Lorsqu'il ouvre les yeux pour la première fois après l'opération, le patient traverse un état de pure sensation visuelle. Ce stade initial n'a pour l'heure d'autre effet que de faire sortir le patient de sa passivité pour le dresser face au chaos de couleurs qui se présente à lui.
>
> Barthélemy Racine, *Le regard neuf*, p. 270

— Sacredié ! Et le livre qui s'arrête là et me laisse comme un couillon !

Les veilleuses sont allumées, on s'emmitoufle dans les couvertures. Le froid serre les narines, rapproche les murs, aiguise les angles. Si bien qu'il pense à Paris, tapote au creux de sa veste le portefeuille contenant l'adresse du médecin. Passer chez le père Tanguy acheter quelques tubes. Il aura bien le temps de peindre une ou deux toiles et d'aller faire un tour au Louvre pour dessiner…

Mais peut-être est-il parti pour Paris trop vite ? Est-ce que le docteur Racine a reçu la lettre au moins ?

4

Oui, la lettre est arrivée, le matin même. Glissée sous la porte du cinquième étage de la rue du Cygne, où vivent Barthélemy Racine et Kitsidano. Ici, dans le quartier, on les surnomme « les Peaux-Rouges ». Quand on les voit passer, serrés l'un à l'autre : lui, avec sa redingote défraîchie, elle en cheveux, avec des plumes aux oreilles, les pieds chaussés de mocassins…

Portée chez les Peaux-Rouges, donc, par la concierge, une lettre d'un certain docteur Robuchot, ophtalmologue à Marseille. Il écrit pour lui recommander un patient : Paul Cézanne. Barthélemy interrompt la lecture un instant. Est-ce qu'il connaît ce nom ?

À en croire le médecin, l'homme est « farouche », qui passe ses journées à peindre dans les collines, se plaint d'éblouissements. Souffre de diabète. Présomption de cataracte mais le diagnostic n'est pas certain.

« Comment ça : "pas certain" ! Est-ce qu'il sait seulement se servir de son ophtalmoscope ce monsieur

Robuchot ? Qu'il l'envoie chez un confrère à Marseille. Inutile de le faire monter jusqu'à Paris pour si peu ! »

Barthélemy s'apprête à lui répondre mais, relisant la lettre, il comprend que l'homme est déjà dans le train.

Et c'est un peintre…

À dire vrai, l'idée lui déplaît. Il se méfie. Bien qu'il ne connaisse rien à la peinture, il a toujours nourri une défiance envers ces hommes qui prétendent enfermer un éclat de réalité dans un carré de toile peinte.

Les dons lui semblent être tellement compartimentés dans le monde où il vit.

Certes, il y a de l'habileté à reproduire, broyant les terres et les pigments. C'est incontestable. Un beau travail sur la lumière. De beaux dessins. Mais il n'aime pas les musées. Ces images piquées et encadrées comme les guêpes colorées de Ralph Laube et qui n'ont plus rien de vivant.

Peu avant les barricades de 1848, il était allé sur l'invitation d'un ami dans un de ces salons officiels où l'on montrait les toiles des élèves de l'école de Rome.

Il y avait des Vénus, des Grecs, des Romains, les corps étaient traités selon les canons de la Renaissance italienne, beaucoup de savoir-faire. Mais il s'était ennuyé.

En repartant, il avait traversé le jardin du Luxembourg, le givre couvrait les branches, les roses éteintes, le fer forgé de cristaux exubérants où un soleil froid mettait toutes sortes de couleurs.

Le jardin étincelait de partout, comme dans un conte. Une beauté si prodigieuse qu'il s'était arrêté.

Autour de lui les gens passaient d'un pas pressé, courant à leurs obligations et à leurs tâches. Pas un ne prenait le temps de regarder le jardin. Et soudain l'endroit lui parut oublié. Au point qu'il se sentit honteux de ce va-et-vient machinal qu'il vivait comme un sacrilège.

Les seuls regards disponibles de la ville s'étaient donné rendez-vous de l'autre côté de la Seine, pour admirer dans les allées du salon de peinture ces scènes d'un autre temps.

Que deviennent les choses qui ne sont plus regardées ?

Il ressent ce même vide, depuis qu'il est revenu d'Amérique, quand il remonte les trottoirs, longe les vitrines éclairées : l'impression de marcher sur des fantômes.

Qu'a-t-on fait de ceux qui vivaient là, cognaient le fer, triaient l'ordure, promenaient la chèvre ? Qu'est devenue cette forêt de masures bruyantes qui mêlaient leurs frondaisons dans les fumées de crépuscule, où la pluie libérait des ruisseaux qui dévalaient au coin des toits, verdissaient les façades, crépitaient autour des bassines dans les cours, soulevaient une boue épaisse brassée par le pas des chevaux ?

Tout le monde sait que, après les soulèvements de juin 1848, les grands travaux de rénovation ont surtout consisté à chasser les ouvriers du centre de la ville. Mais l'âme de ces quartiers, détruits trop vite, flotte encore un peu partout.

Il regrette ces porches longs, qui prenaient certains après-midi d'été l'ombre rousse d'une allée sous les arbres. Et le relais de poste. Et le poirier d'impasse.

Qui voit ces esprits chancelants, arrêtés devant un immeuble, penchés derrière la vitre, et qui cherchent entre les poignées de cuivre, dans l'entrée carrelée de marbre blanc quelques vestiges de la maison où ils sont nés ? Ceux-là ont la face noircie par le charbon des péniches où ils se réfugient chaque soir pour dormir. Et c'est eux encore qui agitent le baluchon dans l'avenue hérissée de crinières et de chapeaux cirés.

Tant et si bien que Barthélemy Racine ne considérait plus la peinture que comme ce regard sélectif et qui ne sort de ses mythologies pompeuses que pour les portraits officiels, les remises de médailles, les comptes-rendus de réceptions.

Il n'allait plus à la moindre exposition quand il avait rencontré dans un café du boulevard des Italiens ce Roumain excentrique et affable. L'homme, qui s'appelait Marcus, prétendait collectionner les peintures. Comme Barthélemy avait haussé les épaules, il s'était mis à lui parler de Pissarro, un Danois, dont les toiles étaient constamment refusées des salons.

L'homme, qui vivait avec sa famille dans un dénuement extrême, avait traversé toutes les insurrections, les famines, le siège de Paris, les répressions sans jamais rien renier de lui-même.

Mais il vendait peu. Quelques rentiers comme Marcus payaient la note du médecin, achetaient parfois une toile, donnaient de quoi manger.

Le Roumain s'était levé. Déjà, il avait ramassé sa canne, enfilé son chapeau.

S'il voulait venir jeter un coup d'œil, l'atelier n'était pas très loin. Barthélemy hésita un instant. Puis il partit avec lui vers la Chaussée-d'Antin.

À cette heure, deux villes se croisaient : celle qui rentrait du travail, traînant la galoche, la tête disparaissant sous la casquette, ou bien tassée dans l'omnibus, l'enfant sur les genoux.

Et il y avait la ville qui s'éveillait tout juste.

Celle-là s'était attardée dans le bain. On lui voyait au coin des lèvres le restant de sucre glace d'une de ces pâtes tendres, grignotée dans un temple de la gourmandise, avec des colonnettes et des miroirs partout.

On devinait que cette ville-là avait hésité pour s'habiller entre deux ou trois robes. Elle se déplaçait surtout en calèche ou dans les voitures de remise, sous le dernier modèle d'un chapeau de paillasson blanc, doublé de satin rouge, couronne de roses avec feuillage et boutons.

Passant un porche, ils traversèrent une cour jusqu'à une bâtisse vitrée où le soleil couchant entrait encore. Partout le long des murs, une multitude de toiles peintes.

Ouverts sur des guéridons et des consoles : quelques éventails, couverts de motifs peints de fleurs et d'oiseaux.

Barthélemy s'assit dans un fauteuil, sous la verrière, tandis que Marcus déplia un chevalet où il posa une peinture de ce monsieur Pissarro, dont il avait tellement parlé.

C'était un paysage d'hiver, où, par un matin de gelée blanche, l'on voyait un homme de dos, un fagot sur les épaules, qui remontait un chemin de campagne, un bâton à la main.

La scène était d'une simplicité absolue. À part les champs labourés, on ne distinguait que quelques fruitiers dénudés, une meule, un buisson et ce ciel un peu rosé. À peine sorti de sa nuit.

Barthélemy eut d'abord une impression de flou, comme si le tableau eût aussi attrapé le larmoiement du peintre, debout avec ses pinceaux dans le grand froid.

Puis, aussitôt après, il se sentit emporté dans une réalité plus vive où, révélé par des poudroiements de lumières, le paysage avait quelque chose de sensible, de palpable.

À regarder ce tableau, on sentait qu'il n'avait été question pour le peintre que d'avancer sur ce chemin glacé, aux côtés de ce vieux paysan, avec une honnêteté incontestable. Et beaucoup d'humilité.

Il songeait à ces Vénus alanguies dans des clairières sans surprises et sans heures.

Ici, on entendait crisser le givre sous les sabots du paysan.

Il aimait par-dessus tout le visage raviné, la joue râpeuse et bleuie de la terre, dans ce matin de gelée blanche, où l'homme tellement voûté, aussi vieux que le monde, semblait porter sur ses épaules le fagot d'une saison révolue.

Le peintre avait surtout saisi cet instant d'harmonie, où tout se tenait en ordre : depuis le tas de foin jusqu'aux fruitiers taillés, la marche lente du paysan. Tout également relié par une vitalité profonde qui semblait s'élever des champs dans cette vapeur un peu rosée.

L'ombre des peupliers venait porter en surimpression une écriture aussi concrète que la terre dure où ils se reflétaient. Car ils la zébraient, la retournaient aussi sûrement que le soc d'une charrue.

Et cela aussi lui plaisait, que la fugacité d'une lumière ait ici table ouverte, et même consistance que le champ qui l'accueillait.

Cette impermanence donnait un sentiment de légèreté.

De liberté surtout.

Était-ce le soin particulier avec lequel il avait traduit chaque souffle, chaque présence autour du vieil homme courbé ?

Le paysage n'avait rien d'ordinaire, qui vibrait d'assentiment et de conscience, comme une bête large couchée sur le flanc et dont le regard respirait de bonté.

Barthélemy resta un moment assis devant la toile, les mains serrées l'une contre l'autre.

Au loin, il entendait le vacarme de la ville.

« C'est la frénésie qui retient le regard à la surface des choses. Que va-t-on contempler le ciel, s'arrêter sur un visage, quand il s'agit à chaque instant de ne pas se faire renverser dans la rue ? »

C'est que l'on travaillait partout, comme l'on n'avait sans doute jamais travaillé dans toute l'histoire des hommes. De jour comme de nuit, dans les appartements, les ateliers de fond de cour, les fabriques, les échoppes, les réduits, les caves et les greniers. Partout, il y avait des aiguilles pour percer le cuir, des machines pour concasser, ébarber, polir, trancher, avec tous ces claquements, ces crissements, où l'homme était derrière, avec une chair tendre et des fatigues. Où l'homme comptait si peu.

Assis devant la toile, Barthélemy Racine avait l'impression de sortir d'une longue ankylose avec un mélange de douleur et de joie.

Ses yeux avaient oublié la beauté.

Il se leva.

— Est-ce que je peux regarder d'autres toiles ?

— Vous êtes ici pour ça.

Il avait traversé l'atelier, aimanté par ce visage, par terre devant lui, qui dépassait entre deux cadres. Marcus attrapa la peinture, qu'il posa sur le chevalet.

— Ce tableau ne m'appartient pas. Le peintre, monsieur Monet, m'a demandé de le garder quelque temps…

C'était le portrait d'une morte, une femme jeune qui avait été le modèle, l'amante, l'épouse du peintre. Camille Doncieux.

On la voyait couchée comme une mariée endormie, un bouquet de roses sur la poitrine, et la tête et le corps emmaillotés de tulle.

Magnétique, étrange : on sentait que la toile avait tenté de traduire un mystère absolu.

Et c'était cela sans doute qui avait poussé le peintre au lendemain de cette nuit d'agonie à se lever soudain pour aller chercher les pinceaux, la palette, dresser le chevalet tout à côté du lit.

Parce que l'on sentait l'irrépressible, et comment dans ces circonstances terribles le geste l'avait dépassé.

Qu'avait-il vu dans cette chambre qu'il lui avait semblé impérieux de fixer ?

Barthélemy se rassit tout à coup, chancelant.

Ce tableau le ramenait à cet appartement de la rue Saint-Antoine, où Ida sa mère était morte aussitôt qu'elle lui avait donné la vie.

Il avait là sous les yeux ce qu'il avait toujours espéré voir : l'image évaporée, le souvenir enfoui d'une femme en partance.

Au fond, qu'il pût s'agir d'une autre morte que sa mère importait peu, tant ce qu'il regardait vibrait d'une vérité profonde. Par quel miracle le peintre avait-il su attraper ce qui flottait dans l'intervalle : ce suspens après le dernier souffle, où la mort n'est pas encore mais où la vie n'est déjà plus ?

Le plus incroyable, et sans doute le plus bouleversant, c'est qu'il reconnaissait dans cette toile ce qu'il vivait depuis toujours auprès de ses aveugles. Même atmosphère, mais surtout même chamboulement dans les couleurs.

Il ne soupçonnait pas que la peinture pût aller jusque-là, Barthélemy Racine, qu'elle pût explorer avec tant de précision la petite musique des seuils, tremper ainsi dans les lisières et toucher l'inespéré.

Le mystère que la toile avait su capter ne transparaissait pas dans la figure de la morte – tellement impassible déjà et presque évaporée –, mais dans ce qui se passait autour : cette sarabande presque joyeuse dans la tulle, dans les fleurs. Ce tournoiement.

Il avait surpris tant de fois, quand il enlevait les pansements, cette impatience, cette fébrilité des lumières, ravivant la moindre chose, la joie du monde, impatient de s'offrir, qu'il reconnut aussitôt le mouvement inverse : ce monde qui refluait.

La reine avait quitté la ruche et l'essaim se formait : de tonalités, de nuances, bourdonnant, prêt à l'envol.

De cette étrange cérémonie, du rituel énigmatique et poignant qu'il avait sous les yeux, le peintre était parvenu à saisir chaque étape, jusqu'en ses moindres détails. Montrer comment les couleurs se retiraient, quittaient le corps après le dernier souffle, avec cet élan dont, à coups de pinceau frénétiques, il avait su saisir la trace, attraper le reflet.

À regarder la toile, on devinait que l'artiste était comme dépassé par ce qu'il avait su capter.

Lui qui broyait les pigments depuis toujours, mélangés avec de l'eau, de l'huile de lin, un peu de noix, lissés pendant des heures, croyait certainement les couleurs plus fidèles. Plus matérielles aussi. S'il les avait vues parfois se flétrir, se craqueler ou s'étioler, il découvrait ce matin-là, assis auprès de la morte, que ses chères couleurs disparaissaient aussi.

Comment aurait-il pu imaginer que la présence d'un être aimé, la densité d'un corps tenait à quelques touches de lumière, prodigieusement provisoires, posées comme les écailles sur l'aile du papillon ?

Et voilà qu'il les surprenait ce matin à leur ultime révérence, venus s'incliner devant le masque impassible : ces poudroiements, ces éclats minuscules, qui avaient amoureusement modelé la jeune femme toute une vie durant, et qu'il voyait s'élever, flotter dans l'air un instant, avant de s'en aller.

Tandis qu'au cœur de la nuée, derrière ses paupières closes, le visage de la morte exprimait l'absolu consentement.

5

Barthélemy se réveille tout à coup, ayant tendu le bras, senti le drap glacé à côté de lui. Le jour se lève. Sept heures sonnent à Saint-Eustache.

Il sort du lit, marche vers la cuisine. « Kitsidano ? » Le poêle est éteint. Traverse le salon. « Kitsidano ! » Ouvre la porte du bureau. Revient vers la chambre, rejoint le vestibule.

Le châle n'est plus là, ni la canne.

Abasourdi, il monte sur le balcon. Les mains crispées sur la rambarde, ses yeux courent dans la rue, entre les balayeurs, les marchands de galettes, les vendeurs de braises, les bonnes avec le panier. La cherchant partout, la cherchant.

Revenu dans le salon, il tourne une fois ou deux autour de la table puis finit par s'asseoir. Kitsidano dans Paris !

L'idée l'affole tellement qu'il se lève, se remet à marcher.

Qu'est-elle allée faire seule dans ces rues populeuses

et bruyantes, elle qui n'a jamais marché qu'à son bras et comprend si mal le français ?

Comment saurait-elle s'orienter au cœur d'une telle cohue ? Sans compter les gens qui guettent la moindre occasion pour…

Il se souvient comme la veille encore elle a sursauté au crissement des roues du tramway, ou comment certaines odeurs, certains endroits réveillent chez elle des peurs si grandes qu'il lui faut aussitôt la ramener.

Non, elle ne serait jamais sortie sans lui…

À pas vifs il retourne vers l'entrée. Mais il n'y a là aucun désordre. Il aurait entendu d'ailleurs si des personnes étaient entrées pour l'emmener.

« Voilà que je divague », songe Barthélemy Racine marchant vers la salle de bains.

La tête penchée sous le robinet, il laisse l'eau froide courir sur sa nuque, dans la barbe, sur ses joues.

S'habiller d'abord puis sortir la chercher.

« Ce n'est pas une femme comme les autres. »

Il se calme un instant, pense à tout ce qui accompagne Kitsidano depuis toujours : ce tambour, la fumée ondulante qui sort de sa pipe et avec laquelle elle aime à discuter. Tout ce à quoi il n'a jamais compris grand-chose mais qui donne à sa femme comme une force. Il l'a toujours senti.

Il pense aussi à ces petits paniers que lui a laissés sa mère. À peine de la taille d'un ongle, des merveilles de minutie, où habitent selon elle des esprits. On les croirait tissés de vent tant ils sont fins, avec un coquillage incrusté, une perle, et ces collerettes de plumes de rouge-gorge ou de verdier…

Alors s'habiller d'abord, puis sortir la chercher.

Déjà, il a ouvert les fenêtres, pour tremper un peu avec elle dans ce bain de fumées et de cris.

Kitsidano dans Paris ! Son cœur s'est remis à battre avec les morsures de l'inquiétude.

Au moment de sortir, il se rassoit.

« Mon Dieu, dans toute cette ville, où aller la chercher ? »

Près du gilet en peau de lapin, il aperçoit le sifflet de sureau, orné de plumes.

Il l'enfile à son cou. Marche vers la porte.

Un homme est là, sur le paillasson, qui s'apprêtait à sonner. Un homme avec un chapeau rond et des yeux injectés de sang.

— Monsieur Racine ?

L'accent est méridional. Une voix tendre, presque étouffée.

— Oui, c'est moi. À qui ai-je l'honneur ?

— Monsieur Cézanne, d'Aix-en-Provence.

» Monsieur Robuchot, l'oculiste de la rue de Paradis à Marseille, vous a écrit pour moi une lettre de recommandation… l'avez-vous bien reçue ?

— Ah oui, oui, oui.

Ils restent un moment face à face. Paul a devant lui un homme hirsute, la chemise déboutonnée, avec une barbe mouillée qui dégouline sur son gilet. Et ce curieux sifflet, pendu au bout d'une ficelle, sur sa poitrine. Un sifflet comme on en voit chez les bergères. Mais on est à Paris.

Ne sachant plus que faire, il avance dans l'entrée.

— Vous permettez ?

— Ah oui, oui, oui. Venez vous asseoir dans mon bureau, un instant...

Il y a vraiment beaucoup de plumes dans ce bureau. Avec de drôles de masques, entre les gravures d'optique et les croquis d'anatomie. Les grosses pierres posées sur l'étagère sont des fossiles sans doute. Il y en a des semblables, chez son ami Marion.

Un curieux mobile – assemblage de bois flotté et de breloques rouillées – balance au-dessus d'une méridienne. Disposés sur une table à côté : une multitude de crochets, de pinces, de lancettes et de loupes.

Face à lui, l'homme ne lâche pas un seul mot. Il prête davantage attention aux bruits de la rue, se levant au moindre crissement d'essieux pour se pencher sur le balcon. Puis revient la face blême, sans se rasseoir vraiment.

— Comme vous le savez, monsieur Racine, je souffre d'éblouissements. Le docteur Robuchot pense à une cataracte. Il m'a parlé de votre machine, l'Hirudine. Et j'ai lu votre livre aussi…

Quelques coups légers frappés à la porte. Barthélemy s'élance dans le couloir, bousculant une chaise au passage. Puis revient, le visage contracté, quelques lettres à la main.

— Monsieur Cézanne, pour tout vous dire, je m'apprêtais à sortir… Pourriez-vous revenir, tenez, jeudi matin, vers onze heures ?

Le peintre s'est levé d'un bond avec l'empressement de ceux qui, ayant l'impression de déranger, veulent aussitôt disparaître.

Croyant marcher vers l'entrée, il ouvre une porte au hasard, débouche sur le salon, cogne une chaise où est posé un tambour. Des habits de femme sont posés sur le fauteuil, une jupe toute simple, un gilet en peau de lapin.

Alors Paul aperçoit, au-dessus de la cheminée, ce tableau d'un paysan qui remonte un chemin de campagne, un fagot sur le dos, par un matin de gelée blanche.

Il est tellement surpris de trouver cette peinture de l'ami Pissarro ici, chez cet homme qui lui semble, pour exprimer au plus juste ce qu'il pense, « complètement fada », qu'il reste figé devant la toile.

Barthélemy a ouvert la porte de l'autre côté du salon.

— Venez, c'est par là.

Ils se quittent sans un mot. Paul sort devant le

médecin qui, soudain, le bousculant presque, s'élance dans l'escalier.

Il le retrouve en bas, sous le porche, qui discute avec la concierge.

— Jeudi matin ! Onze heures, sans faute ! répète Barthélemy Racine, sans le regarder.

Le peintre hoche la tête.

Une fois dans la rue, il aperçoit Barthélemy au milieu de la foule. Le sifflet à la bouche, il marche vite, lâchant des petits sons stridents.

6

Qu'est-ce qu'un Provençal comme lui vient foutre à Paris ? Comme toujours, il y a ce moment où l'envie lui vient de repartir, tandis qu'il s'ouvre un chemin dans la foule. Front buté, les coudes en étrave. Guettant le moindre regard pour y planter un clou.

Chaque rue, par où qu'il aille, le mène à une désillusion.

Par là : le salon des refusés. Par là : cette prétendue académie de peinture, où il n'a rien appris. Par là : ces marchands de couleurs à qui il laisse en dépôt quelques-unes de ses toiles, qui finissent par prendre la poussière dans une vitrine crasseuse.

Par là encore le Louvre où, devant les toiles de Rubens, de Poussin, il prend la mesure de ses limitations.

Qui l'attend ici ? Même cette femme qui vit dans l'ombre, élève leur enfant, lave ses chemises, lui cuit la soupe, qu'a-t-il au fond à lui dire ?

De quoi parlent-ils, sinon des questions d'argent ?

Non, il ne prendra pas le tramway pour Saint-Lazare. Car il n'ira pas à Médan.

Là-bas non plus, personne ne l'attend.

Les amitiés forgées sur les collines autour d'Aix, nourries de raisin noir et de figues ont fait leur temps. Les serments prononcés d'une voix tremblante devant la Sainte-Victoire se sont dégonflés comme des ballons de baudruche devant l'éclat des médailles, l'or terne des salles de réception.

Il ne veut plus être celui que l'on regarde d'un air entendu, quand il déplie le canif, à la table de l'écrivain, assis entre deux ministres.

L'ami maigrelet des bords de l'Arc, l'orphelin solitaire et bégayant de la cour du collège Bourbon est devenu quelqu'un d'important.

De ces années passées ensemble, de cette amitié faramineuse qui l'a poussé vers la peinture, l'écrivain a fait un livre, où Paul s'est reconnu, jusque dans les moindres détails. Où leurs échanges, tellement intimes, sont retranscrits au mot près.

Le roman – qui se vend bien d'ailleurs – est l'histoire d'un peintre raté. Un homme qui ne sait que recommencer indéfiniment une toile qu'il ne terminera jamais.

À la fin du livre, l'homme se pend.

Dans l'amertume de la peau brune qui couvre la blancheur de l'amande, il y a les tannins d'un poison.

Il est ce fruit : la coque dure et veloutée. Il est cette

peau qui enserre de fulminations et de colère la graine douce comme un lait.

Il est tout cela en même temps, Paul Cézanne.

Mais ici, à Paris, il ne sent que la coque et l'aigreur.

Il ne sait plus qui il est.

Marchant maintenant sur le boulevard Rochechouart, il pense à Richaud, un Provençal des environs d'Aubignan qui tient une cordonnerie rue Ballu.

Cézanne passe chez un liquoriste remplir une bouteille de ce vin aigrelet qui pousse sur les flancs de Montmartre et qu'on appelle « le Picolot ».

Ici, dans la boutique, la ville est arrêtée. Les pas frénétiques, les trépignements, les déambulations attendent sur les étagères. Posées par paires.

Assis à côté du baquet, l'enclume entre les genoux, Richaud trône au milieu de son échoppe, comme un vieux général d'arrière-garde, les doigts noircis par la poix, quelques clous au coin des lèvres, le manche d'un marteau dépassant d'une poche.

Ils parlent un moment du pays, où le choléra est passé, vidant les fermes et les hameaux. Comme la ronce et les genêts se mettent dans les vignes. Comme il n'y a plus personne désormais pour curer les sources, remonter les murets.

Ils parlent de cette terre qui s'ensauvage quand l'homme n'est plus là pour la servir, pour la soigner.

— Et si tu l'avais vu avec son sifflet ! Ça me rend noir. Il m'a dit de revenir jeudi. Mais j'ai pas envie d'y aller…

— C'est un peu couillon quand même si t'es monté jusqu'à Paris pour ça.

— C'est plein de plumes chez lui.

— La belle affaire, du moment qu'il te soigne bien.

Les godillots semblent opiner. Tordus, déformés, souillés par la boue des faubourgs, ils ont la nuque lasse de ceux qui accompagnent avec un dévouement sans bornes.

Combien de vies défaites entre l'assommoir et le lit ? Combien de pas de danse, de ritournelles ?

Tout en vidant le litron, l'un penché sur son tablier de cuir, l'autre regardant passer les gens dans la rue, ils se parlent en provençal, chacun moquant l'accent de l'autre. Avant de relever ces mots, tellement modelés par la terre qu'ils habitent, qu'ils ne sont plus les mêmes, une fois passé le pont, au village d'à côté.

— Comme les oiseaux, dit Richaud. J'ai remarqué que les grives d'Aubignan, où j'allais à l'école, n'avaient pas le même accent que celles de Sarrians, où j'habitais avec ma mère…

7

Kitsidano s'était levée au milieu de la nuit car le vent soufflait fort.

Ramassant son châle, elle avait gagné le balcon.

La ville ne dormait pas, bien qu'il fût minuit passé. La charrette d'un paysan marchait vers les Halles au pas lent des chevaux. Mêlé aux vapeurs d'un tonneau renversé, le ventre chaud des volailles remontait jusqu'à l'Indienne.

Éreinté par les immeubles, sectionné par les boulevards, le vent se reconstituait aux carrefours, à l'épaulement des églises, dans le ventre des cimetières pour revenir cogner les murs, griffer les toits de zinc, hurler sous les porches, dans les impasses.

C'était un vent vénérable, un vent d'avant les hommes, un de ces grands diseurs qui aiment emprunter le lit des fleuves pour aller porter loin dans les terres le parfum de pays reculés.

Ce vent-là venait parler d'une mer froide, qui s'écarte deux fois par jour pour libérer des champs d'algues longues, où le vent prend sa couleur, un peu rousse. Où le vent prend son esprit.

On ne sentait pas qu'il venait de loin, ce vent, encombré qu'il était de fumées lourdes, de charbons, de fritures qui s'étaient accrochés à lui tandis qu'il remontait le fleuve, avec le tannin des trains de bois, le remugle des tanneries, qui pendouillaient comme le chiendent sur sa laine fluide. Dont il ne pouvait se défaire.

Mais comme son chant restait beau, sous ses oripeaux d'odeurs, la flatulence des industries.

Étayé de rafales et de bruines, il balayait la ville d'une promesse de mer large qui faisait ruisseler les immeubles comme des rochers entre deux flaques, réveillait des clapotis sur la crête des pavés, invoquait l'esprit d'une baleine qui remontait l'avenue lentement, suivie de quelques poissons.

Il y a le vent premier, manteau du souffle, où chacun prend sa part de vie. Les vents cardinaux, messagers d'une sagesse.

Il y a les vents de lune, les vents d'étoiles. Les vents brillants et les vents ternes.

Il y a le vent soleil qui souffle jusque dans le pistil des fleurs et dresse un tourbillon dans la corolle du pissenlit.

Le vent profond qui remonte des entrailles du monde la force et l'inspiration des bêtes sauvages qui sont aussi des esprits.

Le petit vent d'écailles, qui ondule entre les herbes.

Le vent de poils, serré autour du regard des fauves,

où la forêt irrésistiblement s'engouffre comme au creux d'un siphon.

Il y a le vent qui guide le vol de l'abeille vers la prairie d'angéliques ou l'arbousier en fleurs, le vent d'émois qui met dans la gorge du cerf le gémissement des grands arbres.

Il y a le vent de la bête devant le chasseur qui court. Et derrière ses pas encore le vent du sentier qu'il a emprunté.

Tant de vents, chacun prenant sa part de vie dans le manteau du souffle. Tant de façons de prononcer le monde.

Vent roulé dans le duvet de la buse qui va quitter le nid, vent de l'écureuil grimpant le tronc en zigzag, vent chauffé dans la gorge du pinson qui s'apprête à chanter, vent de la flûte ou des roseaux séchés.

Tant de mots dispersés, fussent-ils minuscules, comme le vent des paupières qui s'ouvrent. Ou terrifiants, lorsqu'ils déracinent les arbres pour annoncer une malédiction.

Tant de paroles courent sur la terre, chacune prenant sa part de vie.

Le vent est le manteau du chant.

Après le massacre de Mantoa, Mihigan, le frère de Kitsidano, était apparu un matin devant la porte de l'hospice d'aveugles. Torse nu, il portait le pagne de peau, que l'on ne mettait plus depuis que les missionnaires étaient venus distribuer robes et pantalons dans les villages.

Barthélemy Racine l'avait invité à entrer mais le frère n'avait pas voulu.

Alors Kitsidano était allée lui parler dehors. Quand elle tendit les mains, elle comprit qu'il ne voulait pas s'approcher.

Mihigan habitait désormais dans les montagnes de Kalali avec d'autres Pieds légers. Des survivants comme lui.

On avait oublié le nom des villages, les anciennes querelles. Avec les lambeaux de clans, on avait remodelé des familles. Les quelques anciens qui restaient avaient recréé le cercle.

Un Rêveur était arrivé au village. Il prétendait que les vents cardinaux passaient par sa gorge. Et tout le monde avait remarqué effectivement que sa voix changeait souvent de souffles quand il parlait.

Il avait commencé par soigner, couchant les pierres dans les braises pour ranimer l'esprit des ancêtres, puis versant l'eau dessus.

Beaucoup avaient pleuré dans les vapeurs : leurs enfants volés, leurs femmes souillées, leurs territoires perdus.

Ensuite il avait fait bâtir la « maison à danser ».

La maison à danser, c'était pour les Pieds légers à la fois une école et un temple. Un lieu sacré, un morceau d'univers où l'on allait depuis toujours pour écouter les contes, célébrer les dons de la terre et apprendre la sagesse des esprits.

Creusée comme une cuvette sous la terre, elle ouvrait sur le monde d'en bas, où se trouvaient les esprits des morts et les graines à germer.

Dans la partie dédiée à ce monde-ci, on s'asseyait pour participer à la danse. Et c'était là aussi que les feux étaient allumés.

Une fenêtre dans le toit ouvrait sur le monde d'en haut.

Tandis qu'au centre l'arbre de vie reliait les trois mondes.

L'arrivée des Blancs avait ravagé les villages, éparpillé les clans. Les missionnaires détruisaient systématiquement les lieux de culte. Il y avait bien longtemps que l'on n'était plus descendu dans une maison ronde pour danser.

Celle que bâtirent les Pieds légers sur la montagne de Kalali était plus vaste que celles que l'on avait bâties jusqu'alors car le Rêveur avait vu qu'elle devrait accueillir bientôt les clans avoisinants.

Avec cette curieuse modulation d'intonations et de souffles, le Rêveur annonça qu'un grand vent allait se lever : « le vent de la colère ».

Déjà, ce vent était venu l'avertir dans ses rêves. Il l'avait vu avec ses peintures de guerre. Et le vent lui avait dit que ses flèches étaient taillées.

C'était un vent puissant, rusé, qui savait se faire aussi

léger que ces brises, qui dans toute l'immensité de la prairie ne font danser qu'un seul brin d'herbe.

Ce vent-là allait cueillir les Blancs pour les chasser d'ici l'un après l'autre, avec la même précision.

À la prochaine lune, ce vent, on le verrait sortir de la montagne pour repousser les étrangers vers la mer, d'où ils étaient venus.

Maisons, églises, les routes droites et les enclos, les machines soufflant la fumée, les vaches, les chiens des Blancs, tout allait être soulevé, emporté, comme les graines du pissenlit.

Tandis que les Pieds légers, descendus dans la maison à danser, accompagneraient le vent de leurs chants pour lui donner la force.

— Laisse ce Blanc avec lequel tu vis comme une épouse pour venir habiter avec ton peuple dans les montagnes de Kalali.

» Viens danser avec nous.

— Laisse-moi au moins y penser, lui répondit la sœur.

Puis elle avait à nouveau tendu le bras, Kitsidano. Son frère était déjà parti.

8

Kitsidano est toujours sur le balcon. Elle s'apprête à retourner dormir, quand le vent lui porte une odeur qu'elle reconnaît aussitôt.

— Butaka !

Est-ce d'avoir songé à son frère, aux montagnes de chênes et d'églantiers ? Cette odeur n'a rien à faire ici. Mais pourtant l'ours est là, quelque part dans la ville. Il n'y a aucun doute.

Déjà, penchée sur la rambarde, elle perd ces gestes d'entre quatre murs. Tout ce qu'elle a appris ici.

« Butaka. » Lèvres entrouvertes, elle explore l'air qui entre dans sa bouche, pistant l'odeur jusqu'à ce qu'il ne reste sur sa langue que la présence de la bête, ces effluves de fourrure au suint puissant, qui entrent dans sa salive, dilatent ses narines et la font frissonner.

Butaka, avec ses griffes longues, grandi comme elle dans les montagnes. Oh… seulement l'approcher. Sentir son haleine, ce souffle rauque qui dresse l'échine des chiens et les fait décamper.

L'idée d'aller seule dans la ville la retient un moment. Puis l'appel revient, lancinant, irrésistible. Et rien ne lui semble plus impérieux que d'aller retrouver cet ours.

Elle ramasse son sac, y range son coutelas, le petit panier que lui a donné sa mère, enfile ses mocassins, prend son châle et son bâton.

Le vieux mari est endormi. Elle sera rentrée avant l'aube. La bête est proche, c'est sûr. Elle n'aura pas à aller loin.

Une fois encore, passant le seuil, l'appréhension la retient : Barthélemy, elle n'est jamais sortie sans lui.

Et comme pour s'empêcher d'y penser davantage, elle s'élance dans l'escalier, ouvre la lourde porte.

Une fois dans la rue, elle s'encoigne sous le porche, dissimulée sous son châle.

La pluie a cessé. Il fait à peine frais dans cette nuit d'avril. Le vent est encore là pour lui montrer la route.

Avant que le marché s'anime, c'est déjà l'heure des charrettes. Chargées de légumes, de fruits, de viandes et de poissons, elles semblent avancer toutes seules au pas lent des chevaux, guidées de loin en loin par des voix endormies.

Tandis que les mendiants sortent des ruelles, attirés par les convois, marchant derrière leur faim.

« Acapisun », ils sont pour elle, tous ceux d'ici, « les hommes étranges ». Jamais tranquilles, comme ces fourmis molles qui réduisent en copeaux ce qu'elles touchent : il n'est rien chez les Acapisun qui ne soit coupé, malaxé, transporté où ils sont.

Ce qu'ils appellent « la ville » est un cimetière de collines éboulées, de forêts abattues, de ruisseaux capturés, menés de force jusqu'aux fontaines.

Tellement cognée, la pierre de leurs maisons a perdu une partie de son âme et ne parle que la nuit.

Loin des mains qui les ont fabriqués, leurs objets se brisent facilement ou s'égarent. D'autres, ainsi lâchés dans la ville, retrouvent une sauvagerie méchante, coupant le bras de l'homme ou l'entraînant sous ses roues…

Mais il y a aussi bien des beautés chez eux. Elle aime ces joies subites, qui jettent ce peuple en sarabandes à travers les rues de la ville. Elle aime les mères aussi, car les mères sont partout les mêmes, ayant pour leurs enfants ces roucoulements, ces intonations qu'elle reconnaît. Elle aime par-dessus tout les chants de ce peuple, découvrir ce qu'ils mangent, bien qu'elle s'étonne toujours que leurs bêtes vinssent d'ailleurs, tuées par d'autres…

Au grincement de l'essieu, à l'écho des sabots sur la pierre, Kitsidano comprend qu'un espace s'est fait entre deux charrettes, assez grand pour qu'elle puisse passer. Elle s'élance, traverse la rue, frôlant le mufle des chevaux.

La ruelle est déserte, qui descend vers la place où Barthélemy va chercher le tabac pour sa pipe.

Ses pieds connaissent l'emplacement des ornières, la forme de chaque pavé. Itinéraire d'échos, de sensations que son corps mémorise au fil des rencontres et dans leur ordre d'apparition, depuis le cuir tanné de l'échoppe du cordonnier, l'enclos des poules, la limaille, le pain chaud, le tas d'ordures à la borne. Avec cette vibration discrète qui ondule entre les murs, donne à la ruelle ce timbre unique, cette voix.

Passé la boutique du marchand de tabac, il faut plonger dans une rue plus large et sans doute éclairée. Elle n'y est pas allée souvent.

Elle hésite, car elle sent des gens partout maintenant…

Un fiacre passe. Puis une charrette de poissons. Elle ne sait pas les noms, Kitsidano, ni pour Sébastopol, ni pour l'Hôtel de Ville. Elle perçoit seulement l'écho du vent sur la bâtisse où les pigeons sont endormis, avec, plus loin encore, la rumeur du fleuve, où sont les dernières maisons.

Il y a tant de façons de voir pour celui qui ne jette pas ses yeux devant mais se laisse approcher.

Le jour, on s'oriente en marchant sur les pas du soleil, écoutant dans son sillage comment chaque chose lui répond.

Tandis que, la nuit, les choses parlent d'elles-mêmes en laissant remonter ce bourdonnement discret qu'elles ont à leur dedans.

Le réverbère, le tas de paniers : il n'y a pas d'obstacles, que l'expérience sur la peau de ces touchers prémonitoires, pressions minuscules, par où s'annonce ce que l'on va bientôt croiser.

Des ivrognes se battent derrière la palissade du quai des Ormes, claquement de godillots. Roues d'une charrette à bras. Relents de friture.

Elle repart, longe les façades, les devantures de bois de la rue Saint-Louis, les anneaux à chevaux.

— T'approche pas !

Un homme affalé contre un mur, hotte d'osier puante, un bâton à la main. Elle descend du trottoir pour l'éviter mais surprend derrière elle des pas menus. Quelqu'un la suit !

Elle accélère, tendant l'oreille entre chaque pas, comme la bête pistée par le chasseur. Elle n'a plus de retraite, ne sait comment rentrer, si bien qu'elle court, les mains devant, trébuchant, se cognant, s'accroupissant soudain sous le bois vermoulu d'une passerelle.

Elle ne bouge plus, Kitsidano. Les pas l'ont dépassée, puis s'arrêtent. L'homme revient. Est-ce qu'il la voit ?

Elle tient serré dans sa main le panier à esprits. Penchée sur lui, elle chuchote, et tandis qu'ainsi elle prie un crochet de fer gratte l'ombre furieusement à ses pieds. Il est là, tout près : elle le sent qui écoute. Elle est terrorisée. Puis le voilà qui repart, d'un pas plus lourd à présent.

Elle reste encore un moment, accroupie, terrifiée à l'idée de ressortir. C'est qu'il y a tellement de monde maintenant. Une bande d'enfants, crachant comme des chats sauvages. Des charrettes à bras. Des voitures. Et ces hommes qui marchent tous au même pas en claquant des talons.

Puis à nouveau la rue se tait.

Par où aller ? Les maisons sont si proches. Elle ne sent plus l'odeur du vent qui passe plus haut.

Enfin elle repart.

Quand elle approche du fleuve, le vent la retrouve. Au milieu du pont, elle s'arrête. Nulle pirogue n'est amarrée. Ici elle n'entendra pas crier les phoques, passer les pélicans. Mais il y a ces relents de vase, ce dialecte de terre et d'eau qui raconte les pluies de printemps, les berges des ruisseaux débordés, piquées d'iris et de roseaux.

L'odeur de Butaka revient. L'ours est là, devant, où sont les arbres. Tout près d'ici.

Elle ignore qu'il n'y a pas de lanternes et très peu de réverbères du côté de la Halle aux Vins. Que la plupart de ceux qui remontent les quais à cette heure tardive ont les yeux las et des nuques courbées.

Arrivée au coin de la rue Cuvier et du quai Saint-Bernard, elle escalade les grilles, saute dans le Jardin des Plantes, disparaît dans les bosquets aussitôt.

Butaka,
les graines dorment sous la terre
ton ventre est rond
la neige est là

Butaka,
les graines s'ouvrent :
deux oursons contre toi
l'eau chante sous la neige

Butaka,
l'arbre déplie ses feuilles
les oursons sont sortis de la grotte
toute la neige a fondu

On chantait l'ours à l'arrivée du printemps.

C'était après que la tortue avait plongé au fond de l'océan pour remonter une poignée de terre qu'elle avait modelée jusqu'à en faire une boule.

Puis la tortue avait ordonné à la boule de grandir et la boule avait grandi.

Après que la terre fut ainsi créée, la tortue façonna les vallées, le lit des rivières, puis elle mit les montagnes à leur place et, pour finir, elle couvrit la terre avec les arbres et les plantes.

Quand la terre fut ainsi couverte de tout ce qui pousse et germine, Celui-qui-n'a-pas-de-nom dit : « Il nous faut une mère de la végétation. » Et grand-mère ourse apparut : Butaka.

Kitsidano remonte le sentier sablonneux. Transplantés d'un peu partout, les arbres sont silencieux, farouches sous leurs feuilles.

Au frisson qui parcourt sa peau, elle comprend que le

sentier qu'elle emprunte mène à un mauvais rêve. Plongeant la main dans son sac, elle attrape le petit panier.

C'est un esprit de la montagne. Ami des aigles et des serpents, il a la tiédeur de la falaise au couchant, avec cette caresse un peu rêche des lichens et des mousses.

Le panier chauffe le creux de sa paume, lui donnant la force de marcher sans gémir devant les volières où sont les respirations d'oiseaux, les plumes souillées, les ailes mortes. Puis de passer l'enclos des renards.

Ces fourrures-là n'ont sous leur poil qu'une viande terne, blanchie par le chagrin. Bêtes-fantômes, retenues au monde par ces pattes qui grattent toutes seules. Ces corps qui ressassent, roulés en boule, des sensations perdues et des souvenirs fanés.

A-t-elle senti la présence de l'éléphant, figé sur la rotonde ? Cette résine qui s'écoule de son œil comme d'une écorce blessée ?

Butaka est là, tout au fond de la fosse. Au pied du tronc lacéré de griffes : elle est couchée, la grande ourse, parmi les pommes blettes, les biscuits, les déjections.

Le jour se lève. Kitsidano ne voit pas le poil terne, les pelades, les croûtes arrachées. Ni cet œil qui la lorgne à travers les grilles, sans la moindre curiosité.

Elle sait seulement qu'il n'y a plus chez cette bête ni hiver, ni printemps. Si bien qu'elle pleure, le front contre la grille, elle pleure le long voyage de Butaka depuis les montagnes d'Amérique, les lacs clairs, les torrents de truites jusqu'à cette grotte sale, où la mort tarde tellement à venir que l'âme s'en est allée déjà.

Ouvrant sa paume, elle lâche le panier à esprits qui roule en bondissant jusqu'au bas de la fosse pour s'arrêter entre les pattes, dans la fourrure de l'ourse.

Il faut rentrer.

Kitsidano sort du Jardin des Plantes. Devant elle : des charrettes arrêtées où l'on attache les barriques. Plus bas, au bord du fleuve, des hommes déchargent le charbon des péniches.

Entend-elle le battement des lavandières, agenouillées en ribambelles sur le pont des bateaux-lavoirs, et comme ça chante, et comme ça s'interpelle avec ceux du train de bois, les barques des pêcheurs ?

Il y a maintenant sur son chemin bien plus d'obstacles que tout à l'heure. Mais, noyée dans cette multitude où personne ne la remarque, la progression semble plus facile. Car sa trace est fraîche encore. Et tandis qu'elle se fait un passage, elle sent qu'une part d'elle est restée là-bas, auprès de l'ourse et du petit panier…

Kitsidano était partie cueillir des racines d'angélique et l'écorce de l'arbousier, ce jour-là, avec sa mère…

Quel âge avait-elle ? Les seins sur sa poitrine commençaient à pointer. Elle parlait déjà la langue du tabac sauvage. L'aigle blanc lui apportait des chants en rêve. Elle allait bientôt soigner.

On ne partait pas seulement pour chercher les plantes, dans ces cueillettes. On ramassait aussi les pierres qui faisaient signe sur le sentier ; ou pour écouter ce que nos frères d'écailles, de poils ou de plumes avaient à nous apprendre. Ce pourquoi on collectait aussi les chants d'oiseaux et tout ce qui venait se montrer.

Ce jour-là, elles avaient croisé un coyote, trouvé des traces de loup aux berges du ruisseau. Avec toutes ces rencontres, la journée avait filé tellement vite qu'il avait fallu chercher un endroit pour dormir. La mère l'avait guidée vers ce promontoire au pied de la montagne, d'où l'on pouvait observer de loin sans être vu.

Elles étaient en train de dérouler les nattes, quand l'esprit était descendu de la falaise, glissant de l'une à l'autre dans cette tiédeur de fin de jour.

C'était un esprit joyeux, aussi chaud que la roche des parois, avec une haleine d'origan et d'anis, hardi et joueur comme un jeune chien.

Il était venu, comme les pierres appellent, pour être ramassé. La mère l'avait attrapé, avec un de ces petits paniers qu'elle emportait partout.

« Ma fille, n'oublie jamais que ces esprits viennent pour nourrir les âmes, les fortifier, lui avait dit la mère. Ne le garde pas pour toi. »

9

Il tourne depuis trois heures, Barthélemy Racine. Traçant des cercles dans la ville, au milieu de la foule. Sifflant tous les trois pas.

Il est d'abord retourné dans les parcs où il aimait marcher, avec Kitsidano, visitant les bancs où ils s'étaient assis ensemble. Il y avait tant de souvenirs que ses yeux se brouillaient souvent.

Puis il est revenu autour des Halles. Tellement anxieux qu'il peine à comprendre ce qui se dit, baissant la tête pour éviter les cages à pinsons, trébuchant sur les potirons, la paille fraîche.

Son regard court toujours plus loin, qui l'espère à chaque coin de rue, pouvant surgir à tout instant.

Elle est partout, Kitsidano, derrière les charrettes, devant les dos courbés. À côté des enfants. Serrée près des mendiants. Debout derrière la borne.

Au moindre attroupement il court, redoutant de la découvrir couchée sous les roues d'une voiture.

Puis le découragement le prend. Insidieusement d'abord. Au fil des déceptions. À mesure qu'il s'éloigne de la rue du Cygne, les objections se font plus nettes.

Connaît-elle le nom de la rue où ils habitent ? Et si c'était le cas, oserait-elle seulement parler ?

À nouveau son regard se brouille quand il reconnaît l'omnibus qui les emmenait le dimanche au-delà des barrières, pique-niquer dans les vergers.

Puis, comme il n'a rien mangé depuis la veille, Barthélemy s'assoit dans un estaminet de la rue des Martyrs et commande un café.

Devant lui, un cortège d'ouvriers rentrent dormir, faces blêmes, yeux cernés, avec ces bras où vibrent encore les machines, ces jambes qui peinent à les porter.

« Mon Dieu, s'écrie Barthélemy, est-il possible que l'on ne voie plus cette force tenue sous le boisseau, appelée puis congédiée sans cesse, toutes les mains, les épaules de ce corps multiple et dévoué, veillant à ce que chaque besoin de la ville fût exaucé dans l'instant ?

» Oui, cela est possible.

» Est-il possible que l'on pose sur la terre le regard du maquignon sur le cheval, ou du marchand de bois sur la forêt ?

» Oui, cela est possible.

» Est-il possible qu'on laisse la beauté couler tout près de nous sans y tremper seulement la main ?

» Oui, cela est possible.

» Est-il possible qu'on extermine des peuples entiers

pour une poignée de sable d'or grattée dans le lit d'un ruisseau ?

» Oui, cela est possible. »

Et Barthélemy qui ne pense qu'à Kitsidano s'écrie alors : « Mon Dieu, si tout cela est possible, alors il faudrait, pour l'amour de tout au monde, que quelque chose arrivât. »

Sortant du café, il repart vers la rue du Cygne.

Il ne sait plus quoi faire maintenant.

10

Kitsidano est perdue. Elle a bien réussi à traverser la Seine, mais les traces se sont effacées. Trop de bruit. Trop de monde, de charrettes, de tramways.

Tout à l'heure, une femme s'est approchée pour lui donner un sou. Le contact de cette main glissée un instant dans sa paume l'a un peu fortifiée. Mais quand on l'a interrogée, elle n'a rien su répondre. Un attroupement s'est fait autour d'elle.

Redoutant qu'on l'emmène, elle a crié, s'est débattue. Puis, d'un pas assuré, elle a marché droit devant elle, comme si elle savait où aller.

À présent elle attend, assise à côté d'une fontaine, la main trempée dans l'eau.

C'est alors que les cloches sonnent et, pour la première fois, depuis qu'elle est perdue, elle y prête attention. Parmi tous les tintements, elle reconnaît le bourdon de Saint-Eustache, l'église de leur quartier, proche de l'immeuble où ils habitent. Se levant aussitôt, elle marche dans la direction du son. Quand le bourdon s'arrête, elle s'assoit. Quand il tinte à nouveau, elle progresse.

Une femme lui prend le bras d'autorité pour lui faire traverser un boulevard. Hochant la tête, elle remercie, avec ses yeux gris, impénétrables, les joues maculées de poussière et de boue.

Barthélemy est revenu voir la concierge. Non, sa femme n'est pas rentrée. Que faire ? Où aller ? Il marche au hasard vers la place des Innocents. S'assoit près des camelots.

Elle avait disparu comme ça, au temps où ils vivaient en Amérique. Un matin, de la même façon, il s'était réveillé et ne l'avait plus trouvée. Il l'avait attendue, sans savoir où aller la chercher.

Une semaine après elle était revenue.

Jamais Barthélemy n'avait su que Kitsidano était partie danser avec son frère dans les montagnes de Kalali, où était la grande maison ronde.

Trois jours et trois nuits durant, les Pieds légers avaient invoqué le vent de la colère. Kitsidano était entrée dans le cercle. Agitant les hochets de coquillages, le corps maculé de peintures rouges, elle s'était donnée sans compter pour que le souffle puissant vienne cueillir les Blancs, les uns après les autres, et qu'il les renvoie vers la mer. Comme des graines de pissenlit.

Animée par la danse, tiédie par les sueurs et les souffles,

honorée par la fumée des sauges, la maison à danser était devenue ce ventre gorgé de vie, prêt à relier les mondes.

En haut, par une fenêtre étroite, le Rêveur avait appelé les esprits des cieux, tandis que sous la terre un homme avait invoqué les esprits des montagnes, des mers et des prairies, bêtes, arbres, poissons et oiseaux.

Un à un, les esprits étaient entrés au rythme des tambours. Portant la fièvre de l'espoir fou.

Au soir du premier jour, le vent avait grossi, la transe s'était intensifiée. Jamais les danseurs n'avaient sauté aussi haut avec leurs couronnes de plumes longues, ce fin rideau de pailles tendu devant leurs yeux. Jamais les chants n'avaient été aussi poignants.

Le vent tournait à l'ouragan, qu'ils dansaient toujours, sans jamais s'arrêter.

Dans les malheurs qu'ils traversaient, ils avaient réveillé le premier temps du monde, quand le déluge allait tout submerger.

Alors Coyote, qui avait créé les hommes, les avait transformés en oiseaux. Les Pieds légers étaient restés dans le ciel jusqu'à ce que tout s'apaise. Quand les eaux avaient baissé, ils s'étaient posés à terre pour redevenir des hommes.

Au soir du deuxième jour, le vent avait faibli. Mais ils avaient dansé avec la même intensité, la même dévotion, car les esprits étaient là : Butaka, la mère de la végétation, Faucon et sa femme Étoile du matin, Grand Lézard,

Corbeau, Martin-Pêcheur, sans compter les ruisseaux et les plantes, venus ici porter la force.

Jamais il n'y avait eu autant d'esprits dans la grande maison ronde. On les entendait crier, rugir. On les voyait entrer dans le corps des danseurs, qui s'abandonnaient soudain à cette danse démesurée.

Au troisième jour, le soleil se leva et tout le monde s'arrêta de danser.

Chancelants, épuisés, éblouis par la lumière, les Pieds légers sortirent enfin. Au loin, ils aperçurent les charrettes, les fumées du campement minier. Le monde était là, identique à celui qu'ils avaient laissé trois jours plus tôt.

Personne n'était découragé pourtant.

La rage et le chagrin s'étaient évanouis sous le pas des danseurs, dans la grande maison ronde.

— Peut-être que nos esprits ne peuvent rien contre les étrangers, avait hasardé une vieille femme.

— Mais ils peuvent tant pour nous, avait répondu un jeune.

Ils étaient repartis avec l'impression que quelque chose était possible encore, pourvu qu'ils n'oublient jamais de retourner danser dans la grande maison ronde.

Quelques jours plus tard, Kitsidano était rentrée à l'hospice, amaigrie, le corps griffé.

Barthélemy l'avait accueillie sans poser de questions.

Cette histoire avait resurgi, alors qu'ils vivaient à Paris. Barthélemy s'était souvenu que cette femme silencieuse était capable de disparaître plusieurs jours dans une nature sauvage. Même si l'aventure donnait la pleine mesure de ses dons, là-bas elle connaissait son pays parfaitement, tandis qu'ici il ne l'imaginait pas traverser la ville et retrouver sa maison.

Ce pourquoi il l'avait emmenée jusqu'à ce petit square au pied de la tour Saint-Jacques, où les ouvriers venaient chaque matin pour l'embauche.

Lui ayant fait toucher le tronc des arbres puis traverser le carrefour dans toutes les directions, il l'avait assise sous le parfum des tilleuls. « Kitsidano, si un jour tu te perds, viens ici, sur ce banc. Je te retrouverai. »

Barthélemy se lève, marche vers la tour Saint-Jacques.

À cette heure, il y a tellement de monde qu'il ne voit devant lui que des épaules, des charrettes, la croupe large des chevaux.

Ayant traversé le boulevard Sébastopol, soudain il l'aperçoit : le visage couvert de traces sombres, les cheveux mélangés, elle est là, étrangement calme, Kitsidano. Elle l'attend.

11

Paul revient pourtant se planter à onze heures précises au cinquième étage de la rue du Cygne, devant la porte du médecin.

Il est là surtout parce que ses yeux larmoient encore, et qu'ils ne veulent plus travailler. Trois jours durant, assis dans sa chambre, il n'a fait que maugréer.

Une fois encore la porte s'ouvre avant qu'il n'ait sonné.

Une femme est devant lui. La peau mate, de longs cheveux noirs, et ce visage offert comme la paume d'une main.

Il est ému, à peine il la voit qu'il est ému. Quelque chose en lui s'attendrit devant les pieds nus sous la jupe toute simple, le gilet en peau de lapin et ce collier de graines qu'elle porte autour du cou.

Il a compris aussitôt qu'elle ne voit pas. Par-delà les prunelles opaques, il règne un calme étrange autour des aveugles, qu'il a reconnu aussitôt. Ce pourquoi il ne se crispe pas, quand elle tend devant lui ses doigts longs pour lui toucher le front, tandis qu'une main se glisse dans la sienne, qui l'entraîne jusqu'au bureau.

Barthélemy l'accueille avec un sourire franc, une chemise impeccable et les cheveux peignés. La jeune femme ferme la porte puis les rejoint à pas menus.

— Pardonnez-moi pour l'autre jour, j'avais un empêchement.

— Ce n'est pas grave…

— Voyons maintenant ces yeux…

« Ce n'est pas comme à Marseille, lui prend le temps, c'est sûr », songe Cézanne, observant le médecin qui ouvre ses coffrets de ciseaux et de pinces, dispose sur la tablette l'appui-front et les loupes. Puis, allumant la lampe au-dessus du siège :

— Regardez droit vers la lumière, je vous prie.

« Celui-là, il connaît son affaire », pense maintenant le peintre complètement détendu.

Après l'examen à l'ophtalmoscope, Barthélemy soulève les paupières, qu'il regarde soigneusement avec une grosse loupe.

— Je dois vous dire d'abord, monsieur Cézanne, que vos yeux ne sont pas suffisamment hydratés. Si j'en crois la lettre de mon confrère, vous passez votre temps dans la poussière et le vent. Pour remédier à ça, je vous donnerai un collyre, qu'il faudra appliquer plusieurs fois par jour. Mais il y a plus…

— Une cataracte ?

— Non, pas pour l'instant. Je vois surtout une uvéite, certainement due au diabète. C'est elle qui produit ces phénomènes lumineux, ces larmoiements, cette sensibilité extrême à la lumière. Ça doit vous gêner bougrement pour travailler…

— Comme vous dites…

— Je propose qu'on soigne d'abord l'inflammation. L'idéal serait de tenter sur vos yeux un traitement avec une médecine simple et efficace, qu'on n'emploie pas tellement sous ces latitudes, mais qui a fait ses preuves ailleurs. Si ça ne répond pas, on ira chercher plus loin.

» Vous avez un peu de temps ?

— Euh… oui.

— Alors on va commencer le soin tout de suite. Mettez-vous sur cette méridienne, ce sera plus confortable. Vous pouvez retirer vos souliers…

Barthélemy Racine s'est tourné vers Kitsidano. Il lui parle en anglais, elle hoche la tête, disparaît dans une pièce à côté.

Tout compte fait, cet exotisme enchante le peintre. Il regarde les masques, leur trouve un charme indéniable, « expressifs mais sans chichis ». Les plumes longues et colorées ne proviennent pas d'oiseaux d'ici.

— Vous êtes allé aux Amériques ? Ça se voit.

— Oui, répond sobrement Barthélemy. À quand remonte votre diabète ?

— Une quinzaine d'années environ.

— Et vos yeux ? Depuis quand souffrez-vous ?

— Ça fait longtemps. Je ne saurais dire. Depuis toujours j'ai l'impression d'être empêché, comme limité…

— Mais vous leur demandez beaucoup…

La jeune femme revient, un bol à la main. Des linges humides pendent à son poignet. Le peintre s'est redressé. Il s'attendait à autre chose.

— C'est pour moi ?

— Oui bien sûr…

Cézanne fouille du regard les étagères. Il cherche la petite machine à ventouses. À nouveau il se sent inquiet, un tantinet déçu.

— Allongez-vous, je vous prie. Ma femme va vous poser les herbes. Vous sentirez un apaisement.

— Si vous le dites…

Kitsidano s'est accroupie au bout de la méridienne. Ses doigts légers parcourent le visage du peintre. Elle devine le cou rentré dans les épaules. D'abord elle applique ses paumes sur les tempes, sur le front. Puis, quand la peau s'est assouplie, elle ferme les paupières du peintre et commence à appliquer l'onguent.

— C'est quoi ces plantes ?

— Elles ne poussent pas ici. Si je vous donne les noms ça ne vous dira pas grand-chose. À partir de maintenant, je vous demande de ne plus ouvrir les yeux. Vous resterez comme ça, tranquillement, jusqu'à ce qu'on vous retire le linge…

— Merci madame.

— Elle ne parle pas français.

— Alors vous lui direz pour moi.

Il a sa voix de tendreté, celle qui lui coule, naturelle, cachée souvent sous les orties.

— Elle a compris.

La sensation de fraîcheur est immédiate. Il se sent bien. Oui, vraiment bien. Il est content d'avoir ôté ses chaussures. Il profite mieux.

Et tandis qu'il s'abandonne sur le velours de la méridienne, un courant d'air, un froissement d'atmosphère, comme un rideau qui s'entrouvre et sa Montagne est là.

Il la sent comme lorsque assis sur le rocher à Bibémus il lève les yeux devant lui et que le vent la lui porte.

Est-ce que ces couches de regards, ces journées à se contempler l'un l'autre, le tapissent intérieurement au point qu'il la suscite, à son insu, comme un esprit ?

Toujours est-il qu'elle est là, près de lui, vaporeuse et solide, remplissant le bureau d'une haleine de serpolets et de lavandes avec par intermittence le souffle froid des sommets aux granits mordus.

Oui, incontestablement, elle est là, sa Montagne, portant toutes les facettes des heures et des saisons, tantôt hardie, effrontée, dressée sous les orages, croisant le fer avec la foudre, ou roulant derrière l'éboulis : la nuque de toutes les pentes, le ventre de tous les vallons.

Un lièvre se dresse derrière le bureau du médecin. Plus loin, le chant d'une alouette. Et le voilà couché sur les flancs pentus de la Montagne, comme ce jour où, parti peindre sur les hauteurs du Tholonet, il s'était trouvé attrapé par la nuit, dans un de ces crépuscules d'automne, si fulgurants parfois.

Grattant dans les aiguilles de pins, il s'était ouvert une reposée comme les chevreuils. La veste tirée jusqu'au ras du menton, les épaules piquées dans la terre noire, il s'était senti pris d'une ferveur amoureuse, l'impression de n'être né que pour ça : s'endormir ainsi sous la lune sur les flancs de sa bien-aimée.

Mais voici que le lièvre s'enfuit. Un vent léger. La Sainte-Victoire disparaît à mesure que des pas s'avancent dans le bureau, éteignant ses odeurs, ravalant ses falaises.

Et tandis qu'elle s'éclipse, au grelot de la dernière chèvre, l'écorce d'un olivier glisse sous la porte, comme une couleuvre.

— C'est bon, vous pouvez rouvrir les yeux, dit Barthélemy Racine pendant que Kitsidano retire les linges.

— Ça brûle moins, vous aviez raison, je me sens mieux.

— Alors, que diriez-vous de revenir demain, à la même heure ?

— Vous m'appliquerez toujours les plantes ?

— Puisque ça vous soulage, il faut continuer.

Kitsidano n'est plus là. Barthélemy le raccompagne. Ils remontent le couloir, quand Paul s'immobilise devant la porte du salon.

— Le « matin de gelée blanche », le tableau que vous avez accroché au-dessus de la cheminée, c'est de la bonne peinture, vous savez ? J'aime beaucoup aussi.

— Vous connaissez le peintre ?

— Pissarro ? C'est mon ami. Il m'a beaucoup appris. Vous avez acheté la toile rue Clauzel ?

— Non, pourquoi ?

— Je croyais. Il y a là-bas un vieux épatant qui nous prend des toiles en dépôt et nous dépanne de temps en temps.

Ils se séparent cette fois en se serrant la main. Les yeux de Cézanne sont déjà moins rouges.

12

Barthélemy s'empresse de déjeuner pour sortir dans Paris. Il veut aller rue Clauzel rencontrer ce vieil homme dont Cézanne a parlé.

Au début de la rue, une boutique étroite, peinte de bleu outremer. Dans ce portrait, posé dans la vitrine, il reconnaît son patient aussitôt.

C'est une grande toile, d'un mètre environ, où Cézanne apparaît tête nue, debout devant son chevalet.

Le dispositif est astucieux, qui place le peintre légèrement de trois quarts, entrouvrant du même coup l'espace qui se déploie entre le regard de l'artiste et la toile qu'il est en train d'exécuter.

Pour raconter comment il peint, Cézanne n'a pas choisi de montrer l'œuvre sur laquelle il travaille – forcément trop anecdotique – mais de représenter ses yeux.

Ils n'apparaissent pas tout de suite, les yeux du peintre, écrasés qu'ils sont par ce corps massif, ce manteau sombre.

Mais à peine les remarque-t-on – un rien asymétriques – que tout autour d'eux perd de sa consistance, et semble prêt à disparaître.

Car ils ne regardent pas la toile, les yeux du peintre, mais cet intervalle entre l'homme et son tableau, l'espace mystérieux où toute la création a lieu.

Face à ce vide magnétique, le regard du peintre se renverse, bascule vers son dedans.

« Quand je peins, il n'y a personne », semble dire le portrait.

D'ailleurs, le front dégarni déjà s'esquive, fondu dans cette même sensation : floue, rosée, nuageuse, que l'on voit derrière lui sur le mur. Un fond de limbes grignote la toile, d'où le peintre s'est extrait un instant, avant d'être bientôt englouti.

Absorbé par le tableau, Barthélemy n'a pas remarqué le petit homme rondelet qui l'observe, mains sur les hanches, avec un sourire entendu.

— Ah pour ça c'est pas fréquent ! Quelqu'un planté si longtemps devant la vraie peinture ! Pour tout vous dire, ça fait plaisir. Vous voulez boire l'absinthe ? On vient de m'en porter. Allez, entrez donc !

Ils traversent une boutique étroite, s'ouvrant un passage parmi les châssis, les rouleaux de toiles, les tubes de couleurs, les flacons de térébenthine, d'huile de lin, avec des bouquets de pinceaux plantés dans des bocaux.

Et partout des tableaux, sur les étagères, autour du

poêle, entre deux meubles, où il reconnaît d'ailleurs quelques Pissarro.

L'homme a sa chambre dans l'arrière-boutique. Il dort parmi les pigments, les flacons de poudre, la pierre à broyer.

Ils entrent dans une petite cuisine, séparée de la boutique par une cloison vitrée. Comme il fait sombre, le vieux allume une lampe à gaz, puis va chercher deux petits verres, les cuillères et les sucres.

Originaire de Bretagne, Julien Tanguy partit avec sa femme s'installer à Paris où il apprit l'art délicat de malaxer les pigments pour les rentrer dans les tubes.

Ces peintres qui sortaient de l'atelier pour aller peindre au motif dans la nature adoptèrent aussitôt l'innovation providentielle. La peinture séchait si vite en plein air et les mélanges prenaient du temps. Faciles d'emploi, légères, rebouchées en un tour de main, ces couleurs toutes faites étaient faciles à emporter.

Le Breton y sentit un marché, qui se fit camelot, pour ravitailler les artistes. Au bord des rivières, devant les champs, Julien Tanguy promenait ses tubes, de Barbizon à Pontoise, cherchant le chevalet.

Il en profitait pour lorgner discrètement par-dessus les épaules et ce qu'il voyait lui plaisait tant qu'il restait souvent assis derrière le peintre, jusqu'à ce que la toile fût terminée.

Le soir, il rentrait chez lui, émerveillé.

Comment ces hommes parvenaient-ils à attraper le

vent et la lumière avec ces pâtes lourdes qu'il malaxait comme des mastics dans l'ombre humide de son gourbi ?

Conscient de contribuer humblement au miracle qui fleurissait sous ses yeux, il redoubla de zèle, travaillant tard la nuit pour retourner à l'aube approvisionner les palettes, tremper dans cette intensité presque amoureuse qu'il sentait flotter autour du peintre, quand il le voyait, nez tendu et pinceau à l'arrêt, guetter le pas suivant, la touche à naître, avec ce regard absent et ce souffle arrêté.

C'est ainsi qu'il connut Pissarro, Cézanne, Monet, Renoir et tous les autres. Invité dans les gargotes, il partageait avec eux les paillasses et les draps élimés.

Avec les peintres il buvait tard, il chantait fort. Et ce n'était pas rien pour ce réfractaire à la Garde nationale qui, pour avoir soutenu les communards en 1871, avait été déporté pendant sept longues années sur un ponton glacé à Brest où il avait manqué de tout.

Ici, il le croyait, s'inventait un autre monde. Ce pourquoi il leur ouvrit sa boutique, leur fournissant toujours de quoi peindre, même s'ils n'avaient pas le sou.

Peu à peu sa boutique se remplit des toiles laissées en dépôt, ou en contrepartie d'une dette.

Si le succès vint pour quelques-uns, qui exposaient maintenant dans les salons, Cézanne restait dans l'ombre.

Ses toiles suscitaient une aversion agressive, presque violente, que le père Tanguy pouvait d'autant moins comprendre qu'il s'était souvent assis derrière le peintre, et qu'il avait reconnu, dans le temps inouï qu'il mettait entre chaque touche, l'expression d'un contact dont il sentait obscurément la justesse, la vérité intime, sans qu'il sût trouver les mots.

Il faut dire que le vieil homme, qui savait à peine écrire son nom, n'avait pour toute éducation artistique qu'un instinct, qui ne s'encombrait d'aucune explication, mais classait aussitôt ce qu'il avait sous les yeux en deux catégories : le « jus de chique » et la « vraie peinture ».

Ils ont mangé leur sucre. Barthélemy a allumé sa pipe. Le père Tanguy tire une chaise devant eux, en guise de chevalet.

— Si vous aimez Cézanne, laissez-moi vous montrer…

13

Combien de fois Paul Cézanne est-il revenu rue du Cygne pour ses consultations ? Après le soin, on l'invite à venir bourrer sa pipe dans le salon, parler peinture en croquant ces galettes de maïs un peu fades que Kitsidano a cuisinées pour lui.

Ses yeux vont mieux. Il n'a plus cette sensation de grains de sable quand il ouvre les yeux.

Hier, il est allé crayonner dans les galeries du Louvre, ce qu'il n'avait pas fait depuis longtemps.

Comme chaque matin, on applique sur ses paupières des compresses d'herbes tièdes tandis qu'il se tient allongé sur la méridienne, les mains dans les poches du pantalon.

Comme chaque matin, Barthélemy Racine s'assoit à côté de lui.

— Qu'est-ce que la laideur pour vous, monsieur Cézanne ?

— C'est les Prussiens chez Pissarro, répond Cézanne aussitôt.

Pendant la guerre de 1870, les rumeurs des exactions de l'armée prussienne étaient si effroyables que les campagnes, les villages se vidaient devant eux.

Apprenant qu'ils approchaient, la famille Pissarro avait quitté précipitamment sa maison de Louveciennes.

Réfugiés d'abord en Normandie, ils avaient dû gagner l'Angleterre, car l'ennemi progressait.

Les Prussiens s'installèrent à Louveciennes, chez le peintre. La maison était vaste avec une grange, une cour. Ils en firent une boucherie.

On dépeça chez Pissarro toutes les vaches alentour, avec aussi les chevaux de trait et ceux défaillants de l'armée en déroute.

Comme il pleuvait beaucoup, qu'on dérapait sans cesse dans la boue et le sang, on avait sorti toutes les toiles de l'atelier, arrachées de leurs châssis puis jetées comme ça par terre, entre la maison et la grange, dans cette gadoue immonde.

Dans les peintures qui restaient, les bouchers s'étaient taillé des tabliers.

Plus de six cents tableaux avaient ainsi disparu, que le peintre n'avait jamais retrouvés.

Après la guerre, Pissarro se contenta de ramasser quelques meubles puis partit s'installer à Pontoise.

Les images viennent aussitôt de ces carrés de toile peinte. Ces arbres alignés le long d'un chemin de campagne. Le visage de cette jeune fille, jupes relevées, les pieds dans l'eau. Le verger croulant sous les fleurs. Ou ce tas de foin, que butinent les bras fourbus, les corps pliés…

Est-ce qu'un seul de ces soldats avait posé les yeux, fût-ce un instant, sur ce bout de jardin, ce regard d'enfant – avec toutes les couleurs à l'avenant, les chatoiements du contact –, ces éclats de vies simples et splendides, où la terre parlait des mains qui la touchaient, avec une haleine chaude et un cœur affleurant ?

En fut-il un seul, dans cette armée en déroute, pour être seulement un peu touché ?

Où sont les yeux tandis qu'on crie, qu'on court, qu'on tranche ?

Est-ce que l'on voit un peu ce que l'on piétine dans ce va-et-vient méthodique, cette succession d'ordres criés ?

Puis voilà la bête amenée, affolée, ses pattes empêtrées dans les cordes tandis qu'on la bouscule. La bête qui beugle et qui s'effondre, à côté de ces toiles peintes, où l'on s'essuie les mains, où vient gicler le sang.

Tandis que sous les pieds, là dans la cour, tandis que sous la boue alourdie et fumante, apparaît un visage, une branche, une main.

Aussitôt les images viennent de l'énigme, où tout se tient face à face sans que la beauté, là pourtant toute proche, déployée sur les toiles, n'ait rien pu empêcher.

— Je crois qu'on a fini, monsieur Cézanne. Vos yeux peuvent retourner dans la poussière et le vent. Il ne faudra pas oublier d'y mettre le collyre, trois gouttes au moins, trois fois par jour.

» Monsieur Cézanne, je vous en prie, retournez peindre. Vos yeux sont prêts.

14

Paul Cézanne n'était pas reparti à Marseille.

Si ses yeux avaient guéri, il rechignait à replonger dans l'âpre solitude qui l'attendait dans les collines.

À présent que tout redevenait possible, il redoutait, une fois encore, de ne pas y arriver. Il se revoyait tenant son pinceau, figé devant sa toile, tandis que la peinture séchait sur sa palette et qu'il se sentait chanceler.

Là-bas, dans la carrière, il savait que le moindre doute hurlait plus fort qu'ailleurs, qui le laissait si démuni.

Alors il avait repensé à ce livre : le second tome du *Regard neuf*, où étaient consignés les témoignages des aveugles opérés de la cataracte et leurs premières visions.

Le regret avait surgi, au moment où il préparait ses bagages. Soudain, il avait eu la certitude qu'il trouverait dans ce livre quelque chose qui pourrait l'aider.

Il y a, dans l'engagement de l'artiste à faire chaque matin advenir le monde au bout d'un pinceau, quelque chose d'à la fois si hasardeux et si démesuré qu'il en devient parfois superstitieux, qui s'invente des recours, espérant le coup d'aiguillon miraculeux, la chiquenaude dont l'œuvre a besoin pour s'ébrouer et repartir encore.

À peine avait surgi l'idée du livre qu'il s'en était fait une obsession. Il se remémorait chacune de ses visites, rue du Cygne. Était-ce une impression ? Chaque fois qu'il avait interrogé Barthélemy sur ses recherches, il l'avait trouvé évasif, presque réticent. Au point qu'il n'avait jamais osé demander au médecin de lui prêter le livre.

« Je me monte le bourrichon », disait le peintre.

N'empêche, il ne partait pas.

Au lieu de boucler ses bagages, il passait ses journées dans son fauteuil à rêvasser en compagnie de cette humanité d'éblouis larmoyants, que Barthélemy Racine avait fait rentrer dans sa vie, et avec lesquels il se plaisait à converser.

L'aventure de ces pauvres bougres propulsés d'un coup de bistouri dans le monde des couleurs le fascinait prodigieusement.

Il sentait entre eux et lui comme une fraternité confuse.

À tant camper dans les entraperçus, aux entre chien et loup du regard, tous ces endroits où le monde s'invente ou s'abolit, il savait tout de cette dramaturgie des passages, Paul Cézanne.

À dire vrai, il se sentait chaque jour, devant sa toile, comme l'aveugle à qui l'on retire ses pansements.

Il fallut bien trois jours au peintre pour affermir sa résolution, se persuader qu'il n'allait pas déranger, et fourbir dans sa tête une bonne dizaine d'arguments irréfutables avant qu'on ne le retrouve, une fois encore, devant la porte du médecin.

Coiffé d'un chapeau rond, il tient une brassée de genêts en fleur et, serré sous son bras : un de ses petits tableaux, enveloppé grossièrement dans du papier journal avec une ficelle.

Comme Barthélemy s'étonne de le découvrir sur son paillasson, persuadé qu'il était déjà rentré à Marseille, comme il s'inquiète alors, demande si tout va bien, le peintre s'excuse, il en oublie ses phrases, et pour finir pose sa peinture entre les mains du médecin, comme un paquet encombrant.

— Ce sont trois vieilles pommes posées sur un torchon. Vous en ferez bien ce que vous voudrez.

Il s'apprête à repartir. Mais, s'apercevant qu'il a encore les fleurs :

— Et ça c'était pour elle… Des genêts. Une vieille les vendait au marché…

— Mais alors entrez donc !

Attirée par le parfum, Kitsidano s'est approchée. Elle a reconnu l'odeur du printemps à Mantoa, quand elle allait cueillir le genêt avec les femmes pour le nouer en gerbes. L'émotion la submerge. Le peintre lui tend le bouquet, elle y plonge son visage aussitôt.

Assis sous le portrait de Pissarro, Barthélemy et Cézanne fument la pipe.

— Est-ce que vous habitez loin de la mer, monsieur Cézanne ?

— Vous n'êtes donc jamais allé à Marseille ?

— Non, pas encore…

Paul ouvre sa besace, sort son carnet, dessine une carte.

Là, non loin de Marseille : la ville d'Aix-en-Provence où il habite. Plus loin, après l'aqueduc : ce chemin en lacets qui mène à la carrière où il monte peindre chaque matin. Puis voici la Sainte-Victoire. Ici : les collines de Montaiguet, la chaîne du Pilon du Roure.

— Et vous voyez, la mer, elle est derrière le Roure. Assez loin finalement…

Assise devant la fenêtre, Kitsidano a étalé le genêt sur le parquet. Saisissant les branches, l'une après l'autre, elle les fait glisser entre deux doigts pour en ôter les fleurs, puis pose les tiges sur ses genoux.

— Les femmes de son peuple utilisent le genêt pour tisser les paniers.

— Ah certainement, ça doit être quelque chose comme ça, dit le peintre en contemplant le petit monticule de pétales et d'étamines d'un jaune ardent, dernier vestige de son bouquet, posé à côté de l'Indienne.

Kitsidano chantonne. Les ongles verdis, elle croise déjà les premières tiges. Sous le regard absent les mains travaillent toutes seules.

Il y a quelque chose de fascinant à voir ces doigts saisir le brin sans hésiter pour le faire entrer dans le rythme, lui donner cette inflexion douce, qui l'incite, l'incorpore au panier.

Cézanne a sorti son carnet. Est-ce qu'il sent que la femme qu'il dessine n'est plus là tout à fait ?

Le geste vit hors du temps. Combien de femmes avant elle ont tissé ce panier ? Elle les a rejointes, sans aucun doute. Elle est à Mantoa.

Le fusain court sur le papier. Là : le lobe de l'oreille, percé par une plume. Les lèvres épaisses.

Les prunelles opaques de Kitsidano le ramènent aux gorges de l'Arc en été. Grises, lactescentes, comme les taches du soleil filtrées par les feuillages sur la surface de l'eau.

Le crissement du fusain interrompt la rêverie de l'Indienne. Tournant la tête, elle comprend qu'il vient de « l'homme aux yeux chauds ». Elle n'appelle pas le peintre autrement depuis qu'elle lui a mis les herbes. Jamais ses doigts n'avaient senti des paupières si brûlantes.

L'intensité de ses yeux lui rappelle un de ses oncles, qu'on appelait Witun...

L'homme était devenu un guérisseur renommé après qu'il avait su attraper les mots d'un vent, avec lesquels il soignait.

Comment avait-il fait pour saisir des mots si furtifs, tellement insaisissables ? Nul ne savait l'expliquer. Beaucoup l'avaient cru fou d'abord, à tant le voir courir derrière le vent à longueur de journée.

Combien d'années avait-il passé en haut des canyons, dans les plaines de roseaux, partout où le vent filait ? Il avait sans doute l'oreille aussi chaude que les yeux du peintre cet homme-là.

Du vent, il n'avait su retenir qu'une seule parole : « Witun », qu'il répétait sans cesse. Et tout le monde dans la tribu l'avait appelé Witun.

Comment parvint-il à attraper les autres mots du vent par la suite ?

La tante de Kitsidano prétendait que ça lui avait été donné par un rouge-gorge. L'oiseau s'était présenté à lui un jour d'hiver, sautillant dans la neige avec une aile brisée. Witun l'avait ramassé pour le réchauffer contre sa poitrine.

Pendant des semaines il l'avait soigné, en le gardant contre lui, le nourrissant avec les quelques graines qui lui restaient.

À la venue du printemps, quand il avait écarté ses mains pour libérer l'oiseau guéri, le rouge-gorge s'était perché près de lui pour chanter. Witun avait reconnu les mots du vent. Mais chantées par l'oiseau, les paroles étaient si claires qu'il put les mémoriser.

Kitsidano n'avait entendu chanter Witun qu'une seule fois. Ça remontait à l'époque où la maison à danser existait encore. Tout le village s'y était retrouvé pour une cérémonie.

Witun s'était mis à siffler et le vent était entré par ce trou dans le toit où l'on appelait les esprits. Tout le monde s'était reculé contre le mur, en se demandant comment un tel vent allait pouvoir tenir dans une maison bâtie par les hommes, car le vent sifflait fort en tournoyant, qui écrasait les flammes, éteignait les bougies.

Puis Witun avait commencé à prononcer les mots du vent et tout s'était calmé. Il y avait tant de beauté dans ce chant où le vent tenait tout entier dans le souffle de l'homme qu'elle n'avait pu l'écouter qu'avec le cœur, Kitsidano. Et elle s'était sentie rouge-gorge, avec une couleur chaude dans sa poitrine.

— Barthélemy, avant de m'en aller, je voudrais vous demander quelque chose. Auriez-vous l'obligeance de me prêter un livre ? Il s'agit du second tome du *Regard neuf*. Celui où vous parlez des « sensations pures ». Où sont les témoignages des aveugles que vous avez opérés…

— C'est que… ce livre n'existe pas, monsieur Cézanne. Je ne l'ai jamais publié.

— Comment ça, jamais publié ? Vous l'annonciez

pourtant, dans le premier tome. Je me souviens très bien. J'ai lu ça dans le train.

— Oui, c'est vrai, je l'avais annoncé. Puis j'ai changé d'avis. J'ai pensé qu'il valait mieux qu'il reste dans mes cartons.

— Mais pourquoi ?

Barthélemy hausse les épaules.

— Les persiflages des confrères, l'hostilité des familles... D'ailleurs, je ne vois pas ce qui peut vous intéresser dans ce livre...

— Mais pardi, ce qu'ils ont vu, vos aveugles, ce qu'ils vous ont raconté ! Croyez-moi, ce qu'ils aperçoivent alors, quand vous leur enlevez les pansements, ce n'est pas qu'une affaire de médecins, c'est aussi quelque chose qui intéresse bigrement le peintre. Qui l'intéresse au premier plan.

Barthélemy ne dit plus rien, qui tire sur sa pipe avec des yeux absents, tandis que Cézanne s'applique à réunir ses mots, levant devant lui ses vieilles mains.

Telles qu'il les tient ainsi face à face, elles semblent se contracter, se dilater, comme le maillage d'un cœur tout travaillé de vent.

— C'est que pour peindre mes tableaux, monsieur Racine, il me faut aller loin, très loin... Ah seulement, si vous saviez...

» Avant de commencer ma toile, poser la première

touche, je dois d'abord trouver le fond, vous comprenez.

» On peint toujours du plus profond vers la surface, comme la terre nous apprend – il n'y a qu'à voir comment la graine s'enracine bien d'abord avant que de percer.

» Et ce fond du paysage que je veux mettre sur ma toile, cette sensation qui va l'habiter d'abord comme une conscience, un souvenir bleuté, est aussi le fond du monde. Je veux dire son origine, son premier rêve. Le monde dans sa virginité.

» Alors, quand je suis dans cette sensation, qu'elle se traduit à moi, mes yeux, ils ont tout oublié. Ils sont devenus innocents, revenus comme au premier jour.

» Vous comprenez ? Monsieur Racine, vous comprenez ?

Barthélemy hoche la tête. Ce qu'il vient d'entendre l'émeut si profondément qu'il est incapable de prononcer un mot ou d'esquisser un geste.

Il se revoit étudiant, penché sur le microscope, émerveillé de cet ordonnancement miraculeux de liquides, de membranes, et comme il espérait qu'un instrument si sublime pût trouver des musiciens à sa mesure, parce que alors – il ne se l'était pas dit comme ça à l'époque, mais c'est ce qu'il pense, maintenant – parce que alors on verrait surgir la beauté dans sa vérité brute, comme une bête sortie du fourré et qui se tourne vers nous et nous regarde. Une beauté vivante, cette beauté sauvage et silencieuse dont le monde a tellement besoin…

Voyant le médecin raide et mutique, Cézanne s'en veut. « J'aurais pas dû insister. Je l'ai tartiné le pauvre… »

Avant de s'en aller, il bat son briquet, rallume sa pipe, repart vers le fond bleuté du monde.

Tant d'efforts, quand il y pense, pour arriver jusque-là. Tout ce travail, ces souffrances, ces méditations pour percer les couches du quotidien, revenir à ces brumes, ces irisations, à cette nudité première, avant les noms que l'homme met sur chaque chose qu'il regarde. Avant ses gestes pour tout s'approprier.

Oui, il faut tout cela pour disparaître à force de présence, sans quoi rien ne peut advenir, et l'on se montre soi au lieu de naître avec le monde. Et l'on n'a rien vécu de vrai.

Dans ces échappées, il devient comme ces hommes, nus et farouches, la main trempée dans le sang, dans les fumées du sacrifice et de la transe, et qui faisaient surgir sur les parois des cavernes ces bêtes qui courent encore, n'en finissent pas de galoper.

ÉPILOGUE

Les battements du cœur de la terre

1

Cézanne s'est levé plusieurs fois dans la nuit pour aller regarder le ciel. Aucune toile n'est commencée pourtant, mais il y a cette tension. Un peu comme une joie. L'impression que la journée qui s'annonce sera belle. Il ne sait pas pourquoi.

Comme il est prêt plus tôt que d'habitude, il descend quelques rues plus loin réveiller le cocher.

Baptiste est un homme dévoué, disponible à toute heure. Il suffit de cogner à sa porte. L'homme s'habille aussitôt, attelle la mule.

Au fil du temps, ils ont appris à se connaître, à se parler par hochements de tête ou grognements. Cet homme qui ignore tout de la peinture se réjouit avec lui lorsqu'il sait qu'une toile avance, que l'œuvre est en « bon train ».

Quand ils arrivent à Bibémus, le ciel s'éclaircit tout juste. Baptiste aide le peintre à descendre.

— À tout à l'heure, monsieur Cézanne.

— À tout à l'heure, Baptiste.

Il ramasse son carnier, sa boîte de couleurs, le litron emmailloté d'un linge, pour prendre le sentier qui sinue entre les trous, les pins penchés, les bosquets de chêne rouvre et les buissons de myrte.

Il marche vite, débusque les tourterelles et fait grincer le geai. Il trotte pour courser le soleil, arriver avant lui, ouvrir le chevalet, y mettre la toile vierge, et sortir le fusain.

Il lui faut cette légère avance, avant le « grand regard » ou tout sera grillé. La place prise. Et qu'aura-t-il, lui le vieil homme, à ajouter ?

Si bien qu'il s'essouffle, disparaît au fond des grottes de la carrière où l'eau de la nuit stagne encore, peine dans les remontées.

Quand il arrive enfin, il s'esclaffe devant les brumes de Vauvenargues, car rien n'est là encore. Rien non plus par-delà la falaise : ni la Montagne ni l'horizon. Même le village qu'il sait dessous n'existe pas.

Tout baigne dans cette indécision. Il n'y a de sûr à l'entour que les murs gris du cabanon.

Le soleil tarde à paraître. On dirait qu'il trépigne, retenu par un bouclier de nuages, sous la ligne d'horizon.

Ça laisse un répit au peintre pour explorer ce qui l'entoure.

Par où regarder ce matin ? Par où, cette fois, va-t-il laisser entrer le monde ?

Ce rocher là-devant, ruisselant d'obscurité, pas encore lourd, pas tout à fait de pierre, ce rocher-là l'aimante, l'appelle tout à coup.

Au fond, ce n'est jamais lui qui choisit l'endroit où le rideau s'entrouvre. Il se laisse rencontrer. Il suit ses émotions.

Quand le soleil surgit enfin, il y a un bon moment déjà que le peintre est embusqué derrière son chevalet, le fusain à la main. Il sourit. « Ah vraiment, tout est propice, ce matin. »

L'été a fait son temps. Il n'y a plus que le grelot des gousses, ces touffes blêmes, la mèche hirsute des fleurs séchées.

Racornis par la chaleur, les fruits de la mûre ressemblent à des éclats de charbon. Partout les épines parlent fort.

C'est que l'on est entrés dans la saison des pierres, ce moment où la roche parle plus fort que les arbres qui l'entourent. Et ce matin on la respire, une odeur de farine mouillée.

Un lièvre surgit au milieu du sentier. Puis s'assoit.

Les yeux du peintre s'approchent sans bruit, plongent leurs doigts dans cette fourrure légère.

Rien qu'à toucher la bête du bout de l'œil comme il le fait, Paul n'a plus le même souffle, une attention électrique parcourt sa colonne, agite ses narines. L'haleine de la terre remonte entre ses pattes, où sont les herbes mâchées, les chemins empruntés, les coulées pour l'enfuite. Frémissant depuis le bout des poils jusqu'aux moustaches, il se tient ramassé, prêt à bondir. Tellement fondu dans cette prunelle ourlée de bistre qu'il se voit, lui le peintre, par le regard du lièvre, assis devant le gros rocher, un fusain à la main.

Il s'éparpille, il est partout, le peintre. Dans le buisson qui s'agite, la branche souple qui ondule à l'envol de l'alouette. Il est son cœur battant, son cri roulé, le vin aigre du sorbier sur sa langue fine, cette aile qui boit le ciel à petites lampées. Une aile d'oiseau au jour naissant.

Mais il est aussi le vent où elle s'appuie, chargé de la tiédeur des bergeries ouvertes, portant le tintement des clochettes, avec un souvenir de terre retournée au passage des sangliers... qu'il est encore évidemment.

Et c'est lui toujours qui roule avec la vague lourde que le soleil naissant distille dans les feuillages, ce poudroiement qui dévale la colline. Et la recrée.

Partout où cela bruisse, partout où cela respire, il est dans chaque étincelle, chaque point de vie, sans volonté, sans préférence, porté au fil des surgissements.

Car tout importe, quand on peint comme il fait, il n'y a que l'homme pour décréter un centre et faire tourner le monde autour. Car tout conspire à cet élan amoureux, dont chaque vie fait une marche, dont chaque souffle donne une note, et l'on perdrait tout à choisir, car tout est également vivant.

La chaleur monte. Les cigales commencent à chanter. Ses yeux fatiguent. Il y a toujours un arrachement à se soustraire ainsi à la beauté du monde, mais voilà : on a aussi un corps, des limites, il faut bien transiger.

Paul va s'asseoir un moment à l'ombre du vieux chêne. Les glands crissent sous ses pieds.

C'est alors qu'il entend la carriole. Il reconnaît le pas lourd du cheval, les hurlées du cocher.

— Bon sang, mais c'est Baptiste ! Qu'est-ce qu'il fait là à cette heure ? Et moi qui commençais si bien dans ma journée !

Et ainsi marmonnant, il grimpe la butte, marche vers l'endroit où le chemin s'interrompt.

C'est alors qu'il les voit descendre : deux étrangers.

L'air tremble tant autour d'eux qu'il lève une main devant ses yeux, peine à les distinguer.

L'homme est coiffé d'un chapeau de ville. Il le voit qui s'extirpe de la voiture, avec une sacoche à l'épaule, l'œil coiffé d'un lorgnon.

C'est quand elle apparaît, tout habillée de ses cheveux, qu'elle saute invitant comme toujours le silence sous ses pieds, avec ce collier de graines qui bat sur sa poitrine, qu'il les reconnaît enfin : Barthélemy et Kitsidano.

2

— Mille pipes ! Mais qu'est-ce qui vous a pris de quitter Paris pour venir vous perdre ici, dans ce champ de trous, à l'autre bout de la France ?

Baptiste est déjà reparti. Cézanne rigole, les bras levés, prend les arbres à témoin. Et lui qui connaît ici chaque pierre trébuche en courant à leur rencontre.

— Bonjour monsieur Cézanne ! Quel bonheur de vous revoir enfin !

— Mon cher monsieur Racine, mais diable, comment avez-vous fait pour arriver jusqu'ici ?

— La carte que vous m'aviez griffonnée. Puis une fois arrivé en ville, j'ai demandé après vous...

Kitsidano s'est approchée. Quand elle tend la main pour lui toucher le front, il retire son chapeau.

— Barthélemy et Kitsidano... À Bibémus !

Il rit encore.

— Mais venez donc au cabanon vous mettre à l'ombre... C'est par ici, suivez-moi.

— On ne vous dérange pas au moins ?

— Pensez-vous !

Il trotte devant, ramasse les branches en travers du sentier, pousse les cailloux. Et chaque fois il s'excuse. On dirait qu'il les accueille dans son salon et que la bonne n'est pas passée.

À peine arrivé, il court leur chercher des chaises.

— Vous deux ici ! Oh comme je suis content !

Puis, comme il se sent con, il les abandonne un instant, contourne le cabanon pour entrer dans la cave, chercher son bouteillon, essuyant les verres sales avec un pan de sa chemise.

Il les retrouve assis dans les aiguilles de pin. Si bien qu'il pose les verres sur une chaise. S'assoit sur l'autre. Et pour finir se laisse tomber dans l'herbe sèche à côté d'eux.

Il a sorti du carnier un saucisson, sa miche de pain roulée dans le torchon. Les questions se bousculent dans sa tête, mais leur présence lui semble tellement volatile que pour l'instant il n'ose rien leur demander.

Le cri d'un berger ricoche près d'eux sur la falaise. Un vol de grives dans les sorbiers. Cézanne remplit les verres, sort son canif, découpe le pain.

— Je comprends que vous veniez peindre ici, monsieur Cézanne, l'endroit est envoûtant.

— Et encore, vous n'avez rien vu. Je vous ferai visiter la carrière, tout à l'heure…

La Sainte-Victoire est encore dans les brumes. Dressé dans son profil, le soleil retire minutieusement l'un après l'autre les rideaux poudroyants qui la recouvrent, où la couleur se promène sans pouvoir se fixer.

C'est l'heure encore où la Montagne flotte entre deux mondes, osant le paradoxe : massive et aérienne, transparente et tellurique à la fois.

Un petit vent s'est levé, qui porte le son mat des cloches du Tholonet, chasse les dernières nuées devant la Sainte-Victoire.

Est-ce un hasard ? Au moment précis où la Montagne enfin se découvre, Kitsidano se tourne vers elle comme pour la contempler. Le peintre s'est tourné vers Barthélemy pour le prendre à témoin.

Barthélemy n'a rien remarqué, tout occupé qu'il est à ouvrir la sacoche qu'il gardait à l'épaule pour en extraire une liasse de papiers, fermée par un ruban.

— J'ai bien pensé à ce que vous m'avez dit la dernière fois qu'on s'est vus à Paris. Ce pourquoi j'ai décidé de venir vous offrir ce manuscrit, qui ne deviendra jamais un livre. Je l'ai un peu remis en ordre. J'espère que vous saurez relire mes notes. Voici le second tome du *Regard neuf*, monsieur Cézanne. Il est pour vous.

La surprise est si forte qu'il n'a le temps de rien cacher, Paul Cézanne, les larmes sortent toutes seules, qu'il essaie à grand-peine de contenir, en se frottant les joues avec ses doigts noircis par le fusain.

Puis, quand les mots lui viennent enfin, il ramasse la liasse, contemple le manuscrit, cette petite écriture noire et serrée sur des feuillets jaunis.

— Plus encore que pour ce que je vais lire, monsieur Racine, plus encore que pour ce que j'en attends, je vous remercie d'avoir fait tout ce voyage pour le petit homme que je suis, qui fait sa peinture comme il peut, qui bricole. Ah, je vous remercie tellement !

3

Il y a maintenant ce temps pour eux, à respirer côte à côte, suivre la danse des couleurs sur la Montagne.

Sentent-ils déjà qu'ils se souviendront toujours de ce moment ? On dirait que tout autour d'eux conspire à l'intense. La stridulation des cigales, et même dans le geste des arbres, qui prennent en ces heures chaudes des postures pleines d'assentiment.

Les doigts du peintre caressent le ruban noué qui ferme le manuscrit. « Tant de travail, pour garder ça dans un carton… » La question le taraude. « Pourquoi n'a-t-il jamais voulu le publier ? »

Il s'apprête à le lui demander, quand il s'aperçoit que Kitsidano s'en va. Elle a retiré ses sandales. De la voir ainsi partir, pieds nus et sans regard, vers ce labyrinthe de grottes éboulées, de puits béants, sans autre barrière que les graminées, les buissons de chêne rouvre et les pins, Cézanne s'affole.

— Il ne faut pas s'inquiéter pour elle, dit seulement le médecin.

Kitsidano s'éloigne dans la garrigue. Elle avance vite, avec cette drôle de démarche, où le pied voit tout seul qui flaire d'abord en sentinelle puis s'enracine à chaque pas. Après la butte, sous les grands pins, elle disparaît.

— Monsieur Racine, je me suis toujours demandé : pourquoi n'avez-vous jamais opéré votre femme ?

— Parce qu'elle ne voulait pas. J'ai proposé bien sûr. Mais je crois qu'elle redoutait de devoir regarder un monde où ceux qu'elle a tellement aimés ne sont plus. On vit plus près de ses morts lorsqu'on ne voit pas. Et puis vous savez, monsieur Cézanne, je ne crois plus tellement en cette opération…

— Mais enfin, vous rendez la vue, c'est quand même quelque chose !

— Pour ceux qui ont déjà regardé, indiscutablement, l'opération s'impose. Pour les aveugles de naissance, c'est différent. J'en ai opéré beaucoup, j'ai recueilli aussi les témoignages de mes confrères. Très peu s'en sont sortis, au fond. Et ça ne les a pas rendus heureux. La majorité d'entre eux a même souhaité revenir à leur état antérieur. Ils gardent maintenant les yeux fermés.

— Mais pourquoi ?

— Imaginez, monsieur Cézanne, qu'après toutes ces années de cécité et d'attente vous vous retrouviez soudain avec des yeux dont vous ne pouvez vous servir. Vous avez recouvré la vue, certes, c'est incontestable, mais vos yeux ne savent rien. Ils viennent de naître. Ils ignorent ce qu'ils regardent. Ils sont ouverts, mais ne peuvent pas vous aider.

» Imaginez cette joie extrême, d'abord, puis très vite après l'absolue déception. Jusque-là rien n'a appris à l'aveugle ce que c'est qu'une forme, ou même l'espace, la profondeur car il n'en a jamais eu besoin.

» Je croyais naïvement qu'en les opérant, en leur ôtant le cristallin, j'allais leur rendre aussitôt le monde. Qu'il suffisait de leur donner une paire de lunettes pour régler la netteté et qu'ils allaient pouvoir se faire une place dans la société, se trouver un métier.

» Mais rendre la vue est plus un travail d'éducateur que de chirurgien. La vision, telle que nous la possédons, nous autres adultes, est un processus long et progressif qui s'est affiné au fil des ans en même temps que l'on grandissait.

» Quand je leur enlève les pansements, les voilà submergés par des flots de lumière éblouissante – une lumière qui souvent les fait souffrir. Ils voient sans voir, noyés qu'ils sont dans un océan de taches de couleurs indéchiffrables, où ils ne peuvent discerner aucun contour. Tout se confond dans ce chaos multicolore, qui s'agite, tourbillonne autour d'eux, les entraîne dans un vertige dont ils ne savent pas s'extirper.

» Cette tache claire, là, devant eux, est-ce que c'est leur propre main ? Ils doutent, ils touchent. À ce stade, ils ne comprennent un peu qu'avec leurs pauvres doigts, n'avancent qu'en tâtonnant. Et ils se cognent partout car leurs anciens repères sont balayés brusquement par l'irruption de la vision. Ils sont perdus, monsieur Cézanne.

— Mon Dieu, mais que font-ils alors ?

— Ils doivent tout réapprendre, à vingt ans, à quarante ans parfois, avec le regard d'un nouveau-né. Il faut du temps, de la patience et beaucoup se découragent. Ce regard neuf devient vite pour eux une infirmité, un calvaire. Ils regrettent leur vie d'avant.

— C'est pour cette raison que vous n'avez pas voulu publier votre manuscrit, monsieur Racine ?

— Non… ce n'est pas pour ça…

Barthélemy se sert un verre. Des tourterelles passent devant eux. Leurs ailes brassent la chaleur sans faire le moindre bruit.

— J'ai rencontré dans cette expérience à la fois le gouffre et le ciel. Une grande tristesse et une grande joie.

» Le gouffre, vous le connaissez. C'est celui où sans le vouloir j'ai précipité mes patients. Je regrette de n'avoir pas été plus avisé sur la question du regard, d'avoir négligé ce long processus qui leur a fait endurer tant d'épreuves auxquelles ils n'étaient pas préparés. J'ai fait une grande erreur.

» Mais il y a aussi autre chose… Quelque chose d'incommensurable, ce pourquoi j'ai voulu vous porter ces témoignages, car j'ai pensé que, vous, vous pourriez recevoir cela. Que vous auriez peut-être l'oreille pour les entendre. Sentir ce qu'ils ont vécu.

» Parce qu'il y a l'éblouissement d'abord, monsieur

Cézanne. Avant toutes ces désillusions, il y a cette fameuse « sensation pure ». Ah ! je l'avais pressenti. Dès le premier jour, je savais que le regard naissant est un miracle. Il y a dans les premiers temps du regard qui s'ouvre, tant de… Tenez, si vous voulez, je vais vous en lire un extrait. Vous permettez ?

Cézanne lui tend le manuscrit. Tandis qu'il dénoue le ruban, les mains du vieil homme tremblent un peu.

— Car quelques-uns d'entre eux n'ont pas pris peur. Ils sont rares. Ceux-là ont compris qu'il y avait une chance inespérée à expérimenter dans un corps d'adulte, avec toute sa conscience et surtout avec des mots pour le traduire – fussent-ils imparfaits –, ce que l'on voit en naissant.

» Ceux-là, au lieu de se cabrer, de fuir ce qui les submergeait, se sont attachés à décrire ce qu'ils voyaient, qu'ils ressentaient alors, avec beaucoup de modestie. Comme ça venait.

Les feuilles sont étalées dans l'herbe, parcourues par les criquets, innombrables à cette saison.

— Je pense à… Attendez, un instant… Voilà, je l'ai trouvée : « Patient Adela Tobar ».

» Ce témoignage à lui seul contient, je crois, tous les autres. Vous allez voir un peu ce dont je veux parler.

» Ah, vous l'auriez connue, Adela, la belle femme que c'était. Elle avait suivi sa famille, des Équatoriens de Quito, dans la ruée vers l'or. Je l'ai rencontrée au printemps 1853 à Santa Rosalia. Sa cataracte était tellement opaque qu'elle ne distinguait même pas les ombres. Il faisait nuit chez elle depuis le premier jour. Mais pourtant, vous auriez vu sa joie. Je me suis souvent demandé pourquoi le don de vie était si mal partagé entre les hommes. Elle, je ne l'ai jamais entendue se plaindre. Le plus surprenant c'est qu'elle fut une des plus âgées à subir l'opération mais qu'elle sut s'éduquer ensuite aussi vite que les plus jeunes. Elle a tout réappris, à soixante ans passés. Même quand elle a recouvré cette vision plus limitée qui est la nôtre, elle a toujours gardé sa joie.

» Vous vouliez savoir pourquoi j'avais gardé le livre, monsieur Cézanne. Vous connaissez l'époque. Vous savez comme on se protège, comme on dédaigne même ce que l'on ne sait plus ressentir.

» C'est que leurs mots, à mes patients, ils sont tellement fragiles. Le regard neuf les met dans cette simplicité toute crue, qu'on a peut-être un peu perdue, dont on n'est plus tellement capables.

» Je n'aurais pas supporté qu'on émette sur ce qu'ils rapportaient le moindre doute, ou pire encore la moindre dérision.

Barthélemy s'est redressé, se racle un peu la gorge avant de commencer à lire.

Adela Tobar, Santa Rosalia, 30 novembre 1853.

Au moment où on lui enlève les pansements : « C'est comme un torrent ! On dirait que le monde me traverse de partout, le monde avec toutes ses couleurs, ses lumières ! »

Elle tombe en arrière. On la retient. « Merci beaucoup. »

Elle se redresse, peine à tenir debout. « Est-ce que ça vient de mes yeux ? »

Elle touche ses paupières. « Non, à présent, je n'en suis pas si sûre. Ça ne vient pas de mes yeux. C'est plus grand. Je vois aussi avec la peau. Ça fait aussi comme une odeur. Une odeur forte, comme le vernis ou la tourbe des forêts de nuages de Puembo. Une odeur douce aussi. Comme les fleurs du capuli.

» On dirait maintenant que ces couleurs m'enveloppent, qu'elles m'habillent. Ou une vapeur. Oui c'est ça, ça fait comme une vapeur. Mais une vapeur d'émotions, un souffle chaud, qui me remplit aussi partout, me colore au-dedans. »

Sa voix se brise. « Est-ce que c'est ça, la beauté, monsieur Racine ? Dites-moi, vous qui voyez, dites-moi ce qui m'arrive. Moi je ne sais rien de la beauté, je suis encore aveugle. »

Elle respire profondément, se calme tout à coup. « On dirait qu'un sourire flotte, un sourire de taches colorées, certaines sont ternes, d'autres plus luisantes. Un sourire comme une respiration. Mais une respiration pleine de lumières, de couleurs, une respiration qui me caresse et qui me parle avec des mots que je n'ai jamais entendus. Mais que pourtant je comprends. Ce sont des mots très tendres. »

Elle s'est tue. Pendant un long moment elle pleure. « Est-ce que ça se voit ? Est-ce que je brille, monsieur Racine ? J'ai l'impression de briller tout à coup. »

Elle sourit. « Vous entendez ? Vous entendez maintenant autour de nous comme ça palpite ? On dirait comme un chant. »

Elle se tait soudain pendant un long moment, avec toujours ce sourire, qui ne la quitte pas. « La beauté, c'est les battements du cœur de la terre qui viennent mettre des couleurs dans le cœur de l'homme. Cette vie qui monte de partout, se disperse.

» Oh, si vous voyiez ça. Toute cette beauté qui m'est donnée d'un seul coup maintenant. Toute la beauté du monde.

» Il y a tellement d'amour, monsieur Racine, tellement d'amour dedans. »

Barthélemy s'est tu. Cézanne hoche la tête.

— Les couleurs, monsieur Racine, les couleurs comme une vapeur. Et tout ce qu'elle décrit... Ah ! savoir peindre seulement comme la vie nous apparaît.

Puis il se met à rire. C'est un rire léger, qui s'est forgé sous tous les temps dans les garrigues. Un rire d'entre paupières, de fronts plissés. Un rire aussi calleux, aussi franc qu'une main de paysan. Un rire d'amoureux, souvent éconduit. Un rire de peintre, enfin, qui semble défier le monde.

— Barthélemy, je crois que vous n'avez pas à vous inquiéter pour ce qu'ont raconté vos patients. Quoi qu'on puisse en dire, et quel qu'en soit le ton, nul ne pourra jamais leur prendre ce qu'ils ont vu.

» Regardez mon ami ce qui coule à chaque instant sous toute cette transparence, étalée sous nos yeux. Regardez ce qui monte du ventre de la terre, cet élan irrésistible vers la lumière, et comment chacun, arbre, rocher, homme, à sa façon y contribue. Se colorant comme il est, et alors dévoilant son âme. Quelque chose qu'il a d'unique et qui le fait ainsi briller.

» Vous sentez bien, Barthélemy, il suffit de sortir dehors : elle est partout la beauté. Pourvu que nos yeux aient encore le goût de l'aventure, du contact. Que l'on ne cherche qu'à ressentir, à rencontrer…

Kitsidano est revenue. Les bras chargés d'une brassée de saules, qu'elle a dû trouver au pied de la falaise, près de l'Arc.

Le peintre se demande comment elle a fait pour marcher aussi loin. Et en revenir, surtout.

Tandis que le soleil entre dans la bascule, qu'il consent à redescendre.

Toutes les lumières qu'il remisait encore se glissent à présent dans le dessous des feuilles, comme autant de paupières qui s'ouvrent. On dirait que jamais la colline n'a été à ce point tendrement regardée.

Cézanne ramasse les feuilles du manuscrit, noue le ruban. Il promet de le rapporter, quand il reviendra à Paris.

Déjà, il s'imagine dans le salon de la rue du Cygne, parmi les masques et les plumes, sous le tableau de Pissarro.

Il ignore que Barthélemy Racine va mourir quelques mois plus tard, qu'ils ne se verront plus.

Le médecin a organisé depuis longtemps le retour de Kitsidano qu'un ami du couple mettra dans le bateau, après sa mort.

Elle retrouvera son frère, les montagnes de Kalali. Elle retournera danser dans la grande maison ronde.

Mais pour l'instant, il n'y a que ces trois-là assis devant le cabanon. L'une qui trie les tiges, se prépare à tisser un panier. Les deux autres qui battent le briquet, allument leur pipe.

Tandis que la Montagne recule, pas à pas, lentement. Du coin de l'œil le peintre l'observe qui s'éclipse, avec cette infinie discrétion qui l'enchante : elle si massive, à se voiler de bleu et d'ocre clair, elle qui porte à sa tête le granit, et qu'il voit écarter avec ses doigts menus la moindre faille qui la sépare encore du monde, et ainsi repoussant délicatement les falaises, les ravins, comme une nappe que l'on tire à la fin du banquet, maculée de vin et de miettes, et qui glisse sur le bois de la table, emportant avec elle toutes les reliques de la fête, toutes les traces de ce qui s'est joué un temps sous les lumières.

Et qui d'un coup disparaît.

REMERCIEMENTS

L'étude sur le témoignage des aveugles opérés au XIXe *siècle de la cataracte est inspirée du travail d'un ophtalmologue : Marius von Senden,* Space and Sight. The Perception of Space and Shape in the Congenitally Blind Before and After Operation.

Je remercie tout particulièrement mon amie Prunelle Ville qui m'a grandement aidée en traduisant pour moi le livre de Marius von Senden.

Merci aussi à Pierre Philippon dont l'accompagnement m'a été très précieux.

Toute ma gratitude aussi à Sylviane Vinson Galy, directrice de la médiathèque du Chambon-sur-Lignon, à Michel Fraisset de l'Office du tourisme d'Aix-en-Provence, à Élise Deblaise de l'Agence régionale du livre Provence-Côte-d'Azur, qui m'ont aidée dans mes recherches.

Merci à mon éditrice Colline Faure-Poirée pour son engagement dans ce projet.

Toute ma gratitude enfin à Rainer Maria Rilke, à la montagne Sainte-Victoire, à la carrière de Bibémus et à toute cette beauté alentour, chacun m'ayant accompagné à sa façon dans l'écriture de ce roman.

Merci enfin au grand peintre et à l'inépuisable émerveillement qu'il suscite, tant par sa vie que par son œuvre.

Site : anne-sibran.com.

Œuvres d'Anne Sibran (suite)

Fictions radiophoniques

La reine Didon, France Culture, 2007.

Les bêtes d'ombre, France Culture, 2007.

Je suis la bête, France Culture, 2009.

Géographie du purgatoire, France Culture, 2016.

Le cercle sauvage, France Culture, 2018,
Grand Prix Radio SACD 2019.

Théâtre

Danser ensemble in *Catch*, Théâtre de la Tempête,
septembre 2021.

HAUTE ENFANCE

Titres parus aux Éditions Gallimard :

Patrick Chamoiseau, *Antan d'enfance*, 1993 (Folio nº 2844).

Raphaël Confiant, *Ravines du devant-jour*, 1993 (Folio nº 2706).

Junichirô Tanizaki, *Années d'enfance*, traduit du japonais et annoté par Marc Mécréant, 1993.

Luchino Visconti, *Le roman d'Angelo*, traduit de l'italien et présenté par René de Ceccatty, 1993.

Patrick Chamoiseau, *Chemin-d'école*, 1994 (Folio nº 2843).

Régine Detambel, *La lune dans le rectangle du patio*, 1994.

Patrick Drevet, *La micheline*, 1994.

Rabah Belamri, *Mémoire en archipel*, 1994.

Jean-Noël Pancrazi, *Madame Arnoul*, 1995 (Folio nº 2925).

Paul Fournel, *Le jour que je suis grand*, 1995.

Jean-Baptiste Niel, *La maison Niel*, 1995.

Henri Raczymow, *Quartier libre*, 1995.

Chantal Thomas, *La vie réelle des petites filles*, 1995.

Jean-Noël Vuarnet, *L'Aigle-Mère*, 1995.

Diane de Margerie, *Dans la spirale*, 1996.

Daniel Conrod, *Moi les animaux*, 1996.

Kenzaburô Ôé, *Arrachez les bourgeons, tirez sur les enfants*, traduit du japonais par Ryôji Nakamura et René de Ceccatty, 1996.

Rabah Belamri, *Chronique du temps de l'innocence*, postface de René de Ceccatty, 1996.

Jerome Charyn, *La belle ténébreuse de Biélorussie*, traduit de l'anglais (États-Unis) par Marc Chénetier, 1997 (Folio nº 3078).

Jacques Drillon, *Children's corner*, 1997.

Collectif, *Une enfance algérienne*, 1997 (Folio nº 3171).

Élisabeth Préault, *Les visages pâles*, 1997.

Jacques Roubaud, *Le Chevalier Silence*, 1997.

Émile Copfermann, *Dès les premiers jours de l'automne*, 1997.

Maurice Roche, *Un petit rien-du-tout tout neuf plié dans une feuille de persil*, préface d'Édouard Glissant, 1997.

Régine Detambel, *L'écrivaillon ou L'enfance de l'écriture*, 1998.

Gérard Spitéri, *Bonheur d'exil*, 1998.

Annie Cohen, *Bésame mucho*, 1998.

Pierre Péju, *Naissances*, 1998 (Folio nº 3384).

Wilhelm Dichter, *Le cheval du Bon Dieu*, traduit du polonais par Martin Nowoszewski, préface de Stanislaw Baranczak, 1998.

Jean Thibaudeau, *Souvenirs de guerre*, suivi de *Dialogues de l'aube*, 1998.
Alan Jolis, *Le soleil de mes jours*, traduit de l'anglais (États-Unis) par Marie-Claude Peugeot, 1999.
Émile Ollivier, *Mille eaux*, 1999.
Jerome Charyn, *Le Cygne Noir*, traduit de l'anglais (États-Unis) par Marc Chénetier, 2000.
Jean-Louis Baudry, *L'âge de la lecture*, 2000.
Ahmed Abodehman, *La ceinture*, 2000.
Raphaël Confiant, *Le cahier de romances*, 2000.
Zoé Valdés, *Le pied de mon père*, traduit de l'espagnol (Cuba) par Carmen Val Julián, 2000.
Florence Delaporte, *Le poisson dans l'arbre*, 2001.
Annie Cohen, *La dure-mère*, 2001.
Lucienne Sinzelle, *Mon Malagar*, préfaces de José Cabanis et Jean Mauriac, 2001.
Anne-Constance Vigier, *Le secret du peintre Ostende*, 2001.
Bona de Mandiargues, *Vivre en herbe*, traduit de l'italien par Claude Bonnafont, préface de Sibylle Pieyre de Mandiargues, 2001.
Sheila Kohler, *Splash*, traduit de l'anglais par Michèle Hechter, 2001.
Barry Gifford, *Wyoming*, traduit de l'anglais (États-Unis) par Claire Céra, 2002.
Paul West, *Mother's Music*, traduit de l'anglais par Jean Pavans, 2002.
Jérôme d'Astier, *Les bois de l'aube*, 2002.
Françoise Benassis, *L'infante*, 2003.
Nicola Barker, *Géante*, traduit de l'anglais par Catherine Gilbert, 2003.
Ben Faccini, *L'enfant du milieu*, traduit de l'anglais par Claire Céra, 2003.
Mathieu Riboulet, *Âmes inachevées*, 2004.
Jerome Charyn, *Bronx Boy*, traduit de l'anglais (États-Unis) par Marc Chénetier, 2004.
Olivier Bleys, *L'enfance de croire*, 2004.
Antonio Martínez, *Moi, Julia*, traduit de l'espagnol par Serge Mestre, 2004.
Daniel Maximin, *Tu, c'est l'enfance*, 2004.
Jacques-Rémy Girerd, *Cœur de trèfle*, 2004.
Sabine de Muralt, *Tout un monde*, 2004.
Claude Eveno, *Sur la lande*, 2005.
Patrick Chamoiseau, *À bout d'enfance*, 2005.
Henri Raczymow, *Reliques*, 2005.
Jeanne Herry, *80 étés*, 2005.
Gérard de Cortanze, *Spaghetti !*, 2005.
Alain Foix, *Ta mémoire, petit monde*, 2005.
Stella Baruk, *Naître en français*, 2006.

Gérard de Cortanze, *Miss Monde*, 2007.
Annie Cohen, *Géographie des origines*, 2007.
Catherine Shan, *Sa vie africaine*, 2007.
Anne Sibran, *Je suis la bête*, 2007.
Liliane Wouters, *Paysage flamand avec nonnes*, 2007.
Régine Detambel, *Notre-Dame-des-Sept-Douleurs*, 2008.
Jérôme Astier, *Je parlerai de toi à mon ami d'enfance*, 2008.
Jean Giono, *J'ai ce que j'ai donné*, 2008.
Gérard de Cortanze, *Gitane sans filtre*, 2008.
Patrice Gauthier, *L'Enfant-Crime*, 2009.
Bachir Kerroumi, *Le voile rouge*, 2009.
Michel Chaillou, *Le crime du beau temps*, 2010.
Annie Cohen, *Les silenciaires*, 2010.
Pierre Péju, *Enfance obscure*, 2011 (Folio n° 6155).
Henri Raczymow, *Points de chute*, 2012.
Michel Chaillou, *L'hypothèse de l'ombre*, 2013.
Annie Cohen, *Le petit fer à repasser*, 2014.
David Lescot, *Ceux qui restent*, 2015.
Dominique Sampiero, *Le sentiment de l'inachevé*, 2016.
Anne Sibran, *Enfance d'un chaman*, 2017.
Collectif, *Une enfance haïtienne*, 2017.
Thomas A. Ravier, *Les hautes collines*, 2017.
Gilles Paris, *La lumière est à moi*, 2018.
Gaston-Paul Effa & Isabelle Laurent, *Les parfums élémentaires*, 2019.
Guy Régis Jr, *Les cinq fois où j'ai vu mon père*, 2020.
Patrick Reumaux, *Les derniers guépards*, 2021.

Composition : IGS-CP à L'Isle-d'Espagnac (16)
Achevé d'imprimer par Normandie Roto Impression s.a.s.,
à Lonrai en janvier 2022
Dépôt légal : janvier 2022
Numéro d'imprimeur : 2106964

ISBN : 978-2-07-295766-6 / Imprimé en France

399323